불꽃보다 더
아름다운
노을처럼

장 순 휘 시인

제5시집

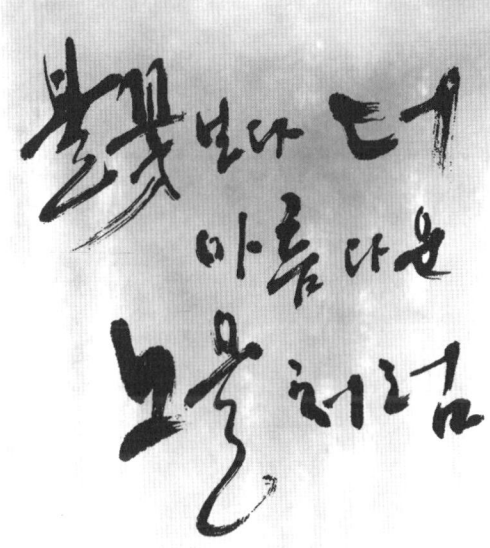

도서출판 코레드

자서문(自序文)

문학에의 여정(旅程)은
더 좋은 시를 써야하는 갈증

　나의 인생이 이순(耳順)을 넘어 고희(古稀)로 향해가는 길목이다. 인생이 무상하다는 말도 새삼스럽고, "인간사에는 안정된 것이 하나도 없음을 기억하라. 그러므로 성공에 들뜨거나 역경에 지나치게 의기소침하지마라."는 '테스형'의 명언에도 수긍이 가는 나이 앞에 서있다.

　더욱이 청춘의 시간을 군에서 보내며 그 꿈을 이뤄보려고 추구했던 삶이 미완(未完)으로 남겨진 현실을 보면서 "사랑하는 사람에게 힘이 되고 싶다면 당신의 삶이 무너지지 않는 것이다."라는 격언조차도 새삼 가슴에 깊이 젖어 눈시울을 뜨겁게 한다.

　1978년 시를 쓰기 시작해서 1984년 처녀시집 『부동항(不凍港)』을 출항하였고, 1995년 제2시집 『분단조국의 군인으로 태어나』로 군인본분의 소명을 시로 추구했었다. 2006년 제3시집 『눈시울 적시며 그리운 것은』에서 우연과 필연 속에서 배운 사유(思惟)가 시로 만들어졌다면, 제4집 『우리가 걸었던 길』은 직업군인을 마감하면서 상념과 회한을 정비하여 시로 남겼다. 그 과정에서 수차례 문학상을 수상하였지만 시에 대한 갈증은 계속되었다.

　이번 제5시집 『불꽃보다 더 아름다운 노을처럼』은 삶을 성찰하는 자각(自覺)의 시를 지향하되 문학적 본질에서 시적 미학(美學)을 추구하여 문학에의 여정에 좋은 시인으로 평가받는 그런 진화(進化)의 흔적을 남기고자 애쓴 작품으로 엮었다. 특히 숙명같은 군인시인이라는 낙인(烙印)속에서 2016년에는 파독간호사 50주년 기념식에 초대되어 축시를 헌액하였고, 2019년 6월 27일 '미 육군 제2사단 창설 100주년' 기념시를 한영시비로 제막하였으며, 2019년 12월 5일 '고 이재수 장군 추모식'에서는 시대의 아픔을 방관할 수 없어서 광화문식장에서 사자후를 토하는 등 대내외적인 참여활동도 있었던 시기였다. 그리고 2019년에는 〈제2회 화랑대문학상 시 대상〉을 수상하여 시인으로서 이정표를 남겼다.

   그러나 멈출 수 없는 문학에의 여정(旅程)은 언제나 더 좋은 시를 써야하는 갈증으로 자학(自虐)하는 고행을 해야하니 이를 시인의 운명이라고 해야 할 지도 모르겠다. 과연 시인으로서 그 많은 시들을 왜, 누구를 위해, 무엇을 위해 무수한 밤잠을 설치며 써야했는가를 자문하면서 서글퍼지는 만추(晩秋)의 시간에 저 멀리 도시의 빌딩너머로 붉게 물드는 노을이 애잔하게 가슴에도 물이 든다.

   유한한 인생에서 어느새 해가 지는 노을의 시간에 접어 든 것처럼 이제 남은 인생과도 잘 지내야겠다는 생각이 든다. 한낮의 해만 생각하던 그때가 아닌 것을 분명히 인지(認知)해야 아름다운 노을을 사랑하게 되고, 진지하게 바라볼 수도 있을 것이기에. 밤하늘에 작위적인 불꽃의 현란함에 비교할 수 없는 노을의 색감과 구름과의 어울림과 땅거미와의 대화는 하루의 끝자락이 주는 신의 거룩한 축복이 아닐 수 없다. 제5시집에 담긴 시인의 갈증을 세상에 선보이면서 남은 삶은 『불꽃보다 더 아름다운 노을처럼』 시를 더 사랑하며 이 시대를 살고자 한다. 감사합니다.

2020년 11월 25일

恒山齋에서 恒山 蔣 舜 輝 拜上

목 차

인생은 사랑이더이다

12   사랑 감기
13   말 대신 대사臺詞
14   지난지교芝蘭之交
16   참회록懺悔錄
18   신새벽
19   황금붕어빵
20   만추晩秋의 추억
21   첫 눈
22   천렵川獵
24   인생이여 사랑이여
26   새 아침의 일상
27   세월만큼 더 건강하게 더 행복하게
30   시선視線
31   도쿄의 여정
32   인연因緣의 노래
34   인생은 사랑이더이다
36   연리지連理枝 사랑
37   시월十月의 하오
38   사는게 힘들어
40   어머니 생각
42   굽은 등뼈
43   대충大蟲
44   입원단상
45   봄소식
46   국화
47   정치궤도政治詭道
48   코스모스
49   11월의 아픈 별리別離
50   나 하나의 표
52   동서同壻 고故 손기철의 영전에

II

불꽃보다 더 아름다운 노을처럼

56   불꽃보다 더 아름다운 노을처럼
60   물고기와 바다의 함수
61   마음에 피는 꽃
62   별밤이야기
63   사랑의 거리距離
64   새소리와 잔소리
66   정情
68   사람의 향기
69   꽃비
70   봄이다 꿈이다 사랑이다
72   5월의 찬가
73   그리움에 대한 에필로그
74   노을 빛나는 길
76   인생기상도人生氣象圖
78   사랑의 여정旅程
80   목소리가 얼굴이 되다
82   그리움의 끈
83   시월의 마지막 밤
84   한숨자락
86   행복에 관한 성찰
88   코로나19 때문에
89   절망다루기
90   눈물의 형이상학
91   냉면冷麵
92   밴댕이
93   작은 섬

꽃나무의 노래

96   꽃나무의 노래 1 - 주목나무
97   꽃나무의 노래 2 - 박달나무
98   꽃나무의 노래 3 - 대추나무
100 꽃나무의 노래 4 - 단풍나무
102 꽃나무의 노래 5 - 나도박달나무
103 꽃나무의 노래 6 - 밤나무
104 꽃나무의 노래 7 - 너도밤나무
105 꽃나무의 노래 8 - 벚나무
106 꽃나무의 노래 9 - 은행나무
107 꽃나무의 노래 10 - 소나무
108 새봄이야기 1
109 새봄이야기 2
110 새봄이야기 3
111 새봄이야기 4
112 새봄이야기 5
113 새봄이야기 6
114 새봄이야기 7
115 새봄이야기 8
116 새봄이야기 9
117 새봄이야기 10

만주고토에 말달리는 그날이여

120 우리들은 코리안 엔젤이었습니다
124 만주고토에 말달리는 그날이여
127 천안함은 오늘도 서해를 지키고있다
130 춘천대첩春川大捷
132 연평도에 핀 충혼이시여
135 육사인의 충혼
138 육군의 투혼이 꽃피는 계절
140 호국의 횃불 국군을 사랑합니다
142 죽을지언정 비겁하지 않겠노라
145 백일교白一橋의 꿈
146 조국의 독립을 향한 애국혼이시여
149 창영초교 100년의 꿈이여
152 그랬었다 이제는 그래야한다
154 푸른 구름을 타고 오르라
156 한국전쟁의 영웅들 그리고 한미 혈맹
160 Korean War Heroes & Bloody Alliance
164 한미동맹의 위대한 다리가 되어
167 The Great Bridge of the ROK-US Alliance
170 같이 갑시다
172 WE GO TOGETHER
174 미 육군 제2사단은 천하무적이다
176 The US Army 2nd ID is Second to None

시인 장순휘를 말한다

182 李玉熙 시인, 前 한국여성문학인회 회장
183 조병락 수필가, 화랑대문인회 회장, 육사16기
184 박　만 前 방송통신심의위 위원장, 前 서울지검 제1차장
186 박호성 수필가, 명예경영학박사, (주)이지에스아이엠 회장
188 임승권 국방문화예술협회 부회장, 육사38기 제42대 동기회 부회장

불꽃보다 더
아름다운
노을처럼

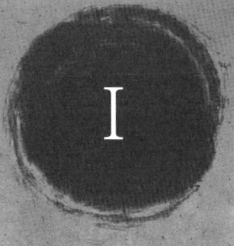

I

인생은 사랑이더이다

사랑 감기

안와도 되는게 왔다는
그래서 몸져누웠다는
그놈의 감기라는게
겨우내 한 번은 힘들게 한다

비로소 누워서야 후회를 반복하는
따스히 입을 걸 많이 잘 걸
이럴 걸 저럴 걸 그때부터
온갖 처방이 나오지만 늦었다

그러나 들어온 감기 나가실 때까지
콧물에 기침에 댓가를 지불하지만
감기덕분에 위로받고 사랑받고
엄살떨며 푸욱 쉴 수 있어 좋다

그런데 인생 살다보면
감기쯤은 다반사茶飯事
진짜 아픈 건 마음감기다
몇 일 전 사랑 감기로 더 아팠었다.

말 대신 대사臺詞

한 마디 대사에 그만 목이 멘다
그리고 눈물이 핑 돈다
언제 그리도 목이 메고
눈물 핑 도는 일이 있었던가
새삼 무미건조한 삶을 관조觀照하자면
누군가의 말에 목이 메는 것이 사치다
어떤 말에 눈물이 핑 도는 것은 쇼다
소위 말에는 더 이상 감동이 없기 때문이다
그 빈구석을 그럴듯한 대사가 차지한다
대사는 대사일 뿐 말이 아니다
말이 무너진 자리에 대사가 춤춘다
우리가 사는 도시에는 말이 떠났다
네온싸인처럼 장식한 헛소리뿐이다
남자들은 꿈꾸는 크기만큼
여자들은 욕망의 무게만큼
저마다의 입술에 대사를 꿰찼다
잇몸이 시리도록 외워서 지껄인다.

지난지교 芝蘭之交

1
좀 외롭다 할 때
같이 걸어주고

좀 힘겨워 할 때
손 내밀어 주고

좀 서운해 할 때
마음만이라도 알아주고

좀 아파 할 때
아픈 줄 알고 위로해 주고

2
좀 지갑이 비었을 때
슬그머니 대신 내주고

좀 술먹기가 곤고할 때
잔 대신 마셔주고

좀 참석하기 불편할 때
늦게라도 빈자리를 앉아주고

좀 짐이 버거울 때
맞잡아 들어주고

3
버럭 화를 냈어도
웃으며 받아주고

좀 실수가 있어도
굳이 따져 묻지 않고

좀 바라는 것은
말없이 해주고

이러다보니 어느새
지난지교芝蘭之交 아닌가요.

참회록 懺悔錄

지하철 1호선 한가한 시간이다
두 손모가지가 잘려나간 사내가
흉측한 상흔을 거침없이 보이며
먹고 살게 해달라고 겁박한다
선채로 앉은 채로 겁박을 당한다

죄짓는 손이라면 없는 것만 못하다는
진리를 몸소 실천한 구도자일까?
그렇다면 그는 어떤 죄를 지었을까?
아니면 무슨 사고가 있었을까?
배고파서 뜯어먹은 것은 아닐텐 데

그 흔한 장갑을 끼고도 못하는 돈벌이를
잘린 채로 맨살 드러내서 해낸다
지갑에서 천 원 지폐를 주고서야
불경스런 상상을 해본다
대소변은 어떻게 할까?

오와 열을 맞춰 앉은 승객사이를 지나
저금통장 구멍처럼 입 벌린 다음 칸으로
뒤도 안돌아보고 미련없이 들어가는

잘린 손모가지를 앞세운 참회록은
뒤로 남겨진 자들의 연민이 되는 걸까

그를 떠난 두 손모가지가 안보인다고
그의 죄가 사함을 받은 것일까?
애비 어미를 죽인 손모가지라면
집행유예가 된 들 과연 사는 것일까?
진정 죄는 육肉이 아닌 마음에 남는 통한痛恨이다

지하철 1호선에 안내방송이 나온다
"지하철은 복잡하오니 잡상인이나
구걸행위를 보시면 승무원에게
연락해주시기 바랍니다"라고
그 빈소리를 들어온 지 40여 년째
두 손모가지가 잘린 사내는 내린 뒤였다.

신새벽

어둠이 아직 대지를 안은 채
밀려오는 신새벽의 빛으로
서서히 뒷걸음 칠 때
우리의 일상이 옷을 벗는다

또 다른 색을 입히고자
좀 다른 스타일을 엿보며
살냄새나는 사람들 속에서
우리는 새옷을 찾는다

잠시 후 하나 둘 눈감는 가로등
그 곁을 지나는 차들의 무심한 질주
그런데 옅어지는 그리움있어
옷을 벗는 아침의 거울이다.

황금붕어빵

가게랄 것도 없는 작은 구루마
배떼기에 구멍 내 붕어빵틀을 안고
무거운 가스통을 등에 지고서
달린 두 바퀴는 앉은뱅이인지
제 자리만 지키고 있다

노리끼리 잘 익은 황금붕어들이
사람의 손에 들려가서
살아온 붕어가 없더라도
붕어빵을 굽는 아줌니가
우는 것을 본적은 없다

어차피 삶이라는게
매일 찍어내는 붕어빵같은 것
뱃속에 앙꼬량이 똑같지 않듯이
이런 날 저런 날이 구워져
하루하루 팔려 나가는게 아닌가

만추晩秋의 추억

한 해의 막다른 골목길로
월력은 달려왔고
두 그루 나무 사이만큼
그리움에 젖는 가을 저녁으로

가을 입구에서 고왔던 잎새들 조차
속절없이 길 떠난 만추라지만
마음에 물든 단풍은
결코 지지 않으리니

어찌 할 수 없는 시간들
거리에 뒹구는 낙엽들은
마지막 계절의 바람 앞에
일체를 비우고서야
깊어지는 인생만큼이나
눈부신 미소를 짓는다

저 멀리 아득한 창공너머로
지나는 구름에도 눈시울 붉히며
남겨진 추억이 외로움 대신
가을을 가득 채우고
겨울문턱을 넘어 봄을 꿈꾼다.

첫 눈

첫 눈 내린 뒷산이 허옇다
어린 시절에는 자다가도
뛰어나갔던 첫 눈이다

오늘따라 산머리를 덮은
희허연 눈발이 익숙하다
어디선가 많이 본 사진이다

거울 속에는 한 사내가 있다
오래전 정수리에 서리가 내려
겨울 문고리를 잡고 서있다

첫 눈 보는 내 맘이 하얗다
인생 오십 줄에 첫 눈은
안전운전에 불청객타령일 뿐.

천렵 川獵

1
가던 길에 내리던 비가 아직도 내린다
인제고을 내린천에 도착해서도 내리고 있다

내린천이 장맛비에 불어서 겁나게 넘실된다
어차피 젖을 각오로 덤벼든 여정旅程이다

투망을 던진다는게 호락호락하지 않다
던져서 펼치기에는 삶의 무게만큼이나 버겁다

한편으로 족대를 집어들고 물살에 몸을 던지며
그래도 잡아야한다는 자존심으로 바닥을 쓸고 간다

풀섶을 족대로 막고 발아래로 몰이하니 어린 시절이다
혹시나 번쩍 들어보니 모래무지, 메기, 참붕어가 잡힌다

비록 작아도 한 마리, 열 마리... 백 마리쯤 넘으니
하루 저녁 매운탕거리로는 충분하지 아니한가

2

사실 족대로 잡으러 들어갈 때 다들 안된다고 했다
흙탕물이고 급류라 위험하다고 물고기 없다고 했다

그래 그 말에 섞여서 천렵을 포기해야 맞다
나이 오십 넘어 불어오른 물살에 들어가선 안되었다

그러나 친구가 앞장서 들어갔다면 들어가야 한다
더욱이 족대는 혼자서는 되는 천렵이 아니다

족대는 치고 몰고, 적어도 둘은 있어야 한다
그래서 다들 뭐라 해도 따라 들어가는게 친구아닐까

없다던 물고기를 잡혔고, 안된다는 것이 되었다
위험하다고 했지만 인생살이 위험이 어디 한두 번이었나

내린천에서 그 빗속에 해낸 것은 함께한 두 마음
물고기 잡아 우정을 양념으로 천하일미 매운탕이 되었다.

인생이여 사랑이여

태고에 한 남자가 한 여자를 만나는
아주 작은 만남의 씨앗이
도시의 어둠 속에 잉태되었나니
어둠 이전은 빛이 아니고
그 빛은 어둠 이후에 있어라

젊은 날의 빈 가슴에 이제
가득 채워진 빛은
꽃향기보다도
별빛보다도
어떤 언어보다도
향기롭고
찬연하며
진솔한 사랑만으로

사랑의 날줄과
진실의 씨줄로
이리 짜고 저리 짜고
인생의 비단포에
믿음의 뿌리를 내리고

화목의 가지를 뻗어
행복의 꽃을 피우고
성공의 열매를 맺어
삶의 아름다움과
인생의 보람됨을 알리니

짧고도 먼 인생길에서
따스한 가슴으로 함께
숨 쉴 오직 한 사람
지금 곁에 섰으니
두 손 잡아 하나된 두 몸
지나온 삶보다 더 진하게
오늘의 삶보다 더 참되게
내일의 꿈을 향해 더 뛰기를
더 날기를
더 가슴 벅차게 날아오르기를

삶이여!
인생이여!
사랑이여!

새 아침의 일상

오늘 아침에도 내 아내는 주방 앞에 서있다
어제보다 오늘 아침 뒷모습이 눈부시다
양어깨의 선이 조금은 두텁다, 30년 전보다
아내와 함께한 인생여정은 거친 들에서 시작되었다
아이들은 숲길에 샘물처럼 솟았고, 노래소리였다
지금은 아기새들이 지저귀는 숲속이 되었다
밤길이 새벽을 향했고 그리고 아침이 왔다
어김없이 아내가 아침을 열었다, 30년 동안
오늘 아침은 새 아침이다, 또 다른 30년 향한
지금 내 아내가 사랑스럽고 애틋하게 서있다.

세월만큼
더 건강하게 더 행복하게

1
숭의3동 하고도 109번지는
우리가 태어나기 전에 유명한 달동네로 높은
산허리 전도관 옆이라서
시민들이 올려다보던 산동네 하꼬방촌이었습니다
비가 오면 빗물이 찬란한 교향곡을 연주하던 밤에는
음악감상실이 되었고
눈이 오면 눈물이 녹아내려서 천장과 벽에 그림을
그리던 화실같은 집이었습니다

1960년은 전후 복구가 한창이던 힘겹던 시대에
4.19까지 일어났고
자유당 정권이 몰락하면서 데모로 해가 뜨고지는
더 어지러운 세상이었습니다
5.16으로 부정부패와 깡패소탕으로
새로운 시대가 열렸었던 기억도 나고
여동생 덕이가 태어나 아장아장 걸음마를 걸었던
것도 추억으로 있습니다

2
창영초등학교 시절에는 강냉이빵 배급받아서
우유가루 죽쒀서 허기를 달랬고
크리스마스 때는 사탕봉지를 타려고

안가던 교회도 같이 갔던 남매였습니다
어린 시절 잘 웃고
노래도 남다르게 이쁘게 잘 부르던 착한 여자아이로
재롱을 잘 부려서 부모님의 사랑을 듬뿍 받고 자란
귀여운 여동생이었습니다

교복입고 집을 나서면
동네 남학생들이 바라보던 이쁜 여동생이었고
학창시절에는 봄 가을에 소풍가면
노래자랑 1등만 하던 재주꾼이었습니다
동네에서는 장차 이미자의 후계자 감이라고
칭찬이 자자했던 나의 누이 그 솜씨가 어디갈까 했는데
지금도 노래실력은 가수 뺨칠 정도가 맞습니다

3
가정을 이루어 살면서도
억척스럽게 시골생활도 잘 해내서 좋았고
신랑과 아들 둘 효자로 자식복도 누리고
손자들도 잘 자라주니 참 좋습니다
가슴 철렁하니 뇌출혈로 위험했었지만
인명은 재천이라 이겨내서 좋았고
최고의 용접기술자 매제와 함께
환갑을 맞으며 해로하는 삶도 참 보기 좋습니다

돌이켜보면 지난 60년 인생길이
어디 한두 고비 였었겠나 하면서도

이 고비 저 고비 웃고 울며
넘고 또 넘어서 걸어온 환갑 아니신가요
60 갑자 인생 한 바퀴 돌아 제자리 와서 돌이켜보니
세상 참 많이 변했고
사랑하는 누이의 환갑에 오라비는
축시라도 드릴 수 있어 이 아니 좋습니까?

4
올해는 나의 여동생
하나뿐인 누이 순덕여사의 환갑인 경자년입니다
오라비로서 해주고 싶었고 보여주고 싶었고
자랑스럽고 싶었었는데 마음처럼 이루지 못한
가슴아픈 심정에 눈시울이 뜨거워지는 건 왜일까요?
오히려 어렵고 힘들 때면
오라비의 힘이 되어주었던 누이가 정말 고맙고 말고요

여동생 순덕여사의 환갑에 다른 축하보다도
'정말 사랑한다'는 한 마디를 열심히 잘 살아온 세월만큼
더 건강하게 더 행복하게 살으시라는 당부도
이제부터 남은 인생길에는 자주 만나서
정을 나누자는 약속도
우리 남매 칠순 팔순 구순 백수까지 잘 살고
부모님께 같이 가면 좋겠소이다.

-여동생 장순덕 여사 환갑축시-

시선視線

아미蛾眉에 내린 그늘조차
부드럽게 밝히는
선한 눈망울은 소망所望이다

두 볼에 흐르는 수줍음
어울지어 노래하는
맑은 눈시울은 순수純粹다

입술에 담은 진솔함이
여명黎明처럼 번질 때
곱디고운 시선은 사랑이다.

도쿄의 여정

왜국倭國의 심장 도쿄에
왔다는 것이 그럴 듯하다
언제고 한 번은 오고 싶던 곳
어궁御宮옆을 지난다
왜왕倭王이 산다는 곳
독도를 넘보는 버르장머리가 거슬린다
하오의 나고야中野거리가 번거롭다
도쿄나 서울이나 바쁘기는 매 한가지
밤늦도록 사는 비가 가슴을 적셨다.

인연因緣의 노래

1
어울림으로 바라보던 길에서
산뜻한 떨림이 스쳐도
모른 척 돌아서는 별리別離

바로 다가갈 길을
돌고 돌아 그리움으로
다시 돌아온 외로움

차라리 멀어진 길이라면
돌아갈 길 조차 잊으련만
이 자리로 향하던 길은 연민憐憫일까

2
가까이 다가서는 길은
다가옴에 이어지는 설레임
끝내 기다리던 재회再會

결코 쉽지 않았던 삶의 길에
살아온 사연은 빛과 그림자
가슴으로 삭혀 드는 위로慰勞

손잡고 걸어가는 하오의 길에
바로 올 수 없어 돌아온 얘기는
누구나 부를 수 없는 인연의 노래이리라.

인생은 사랑이더이다

한 삼십오 년 살아오니
내 사랑 그대 눈빛만 봐도
바람과 구름의 흐름도
비의 량도 알 수 있게 되더이다

어젯밤에 차 한 잔이 오고가고
가을이 그 찻잔에 얼마나 담겨서
그대가 얼마나 마셨는지를 알 수 있는
그런 가늠의 경지에 이르게 되더이다

사십 년 전 꿈만 같았던 인연으로
차마 막막했던 젊은 날의 어설픈 사랑
가족의 짐을 추슬러야했던 지친 발걸음
어디론가 밤은 아침으로 향하게 되더이다

나란히 걸으면서도 때론 슬펐던 아팠던
그러면서도 손잡고 내달리며 기뻤던
추억의 앨범 속 아련한 라이프 스토리들
돌고 돌아 오늘은 이처럼 운명이 되더이다

하늘과 땅, 구름과 바람, 비와 눈, 강과 바다조차도
다 어울어져 하나가 되는 풍경인 것처럼
희노애구애오욕喜怒哀懼愛惡慾이 삶에서 치열해도
결국은 육십 갑자 살아보니 인생은 사랑이더이다.

연리지連理枝 사랑

그대와 나 이기에 할 수 있고
우리부부이기에 해낼 수 있는
오로지 사랑으로 걸어온 인생길

돌이켜보면 혼자 갈 수 없던 길
함께 걸었기에 다다를 수 있는 길
그 길이 오늘의 인생길

더 살아야 할 길에
손잡고 마음 하나로 얽히고 설켜
하나된 두 인생이야기는 연리지 사랑

밤하늘 달과 별의 미소를 바라보며
연리지 사랑 한바구니 가득 담아서
육십 너머로 꿈꾸는 새로운 행복.

시월十月의 하오

누군가를 향한 그리움 있어
보고픔의 간절함이 부른
낮에 나온 반달일까

서로 바쁘지만
바라보는 눈길이
반달처럼 순수하기에
비록 현실이 가난해도
이 가을만은 풍요롭기를

혹시나 하는 마음의 어둠은
부디 별빛 속에 사그라지게 하고
꽉차오른 달이 우리의 가슴과
바라보는 눈동자에 뜨는
그런 보듬는 눈길 나눈다면

비록 떨어져 있다할 지라도
서로 달을 향한 미소가
온통 행복으로 비추게 될 것이다.

사는게 힘들어

1
아내가 힘들어 한다
아들이 힘들다 한다
딸이 힘들게 산다
듣는 나도 힘들다

사위가 힘들어 한다
손자도 힘든거 같다
손녀도 힘든거 같다
보는 나도 힘들어진다

처형도 힘들다 한다
처남도 힘들어 한다
장모도 힘드신가 보다
다들 힘들게 산다

2
나라도 힘들어 한다
국민도 힘들게 산다
기업도 힘든거 같다
여기저기 다 힘들다

정치도 힘들어 한다
경제도 힘들다고 한다

안보도 힘든거 같다
안 힘든게 없다

북한도 힘들어 한다
주민도 힘들게 버틴다
탈북민도 힘든거 같다
온통 힘든거 뿐이다

3
살기도 힘들다
죽기는 더 힘들다
막살기도 힘들다
힘 안드는게 없다

먹기도 힘들다
안먹기도 힘들다
굶기는 더 힘들다
도대체 먹어 말어?

돈 벌기도 힘들다
돈 쓰기도 힘들다
돈 모으기는 더 힘들다
돈 다 어디 있는겨?

어머니 생각

어머니
오늘따라 많이 보고싶어서
한참을 울었습니다

불효자도 환갑지나 손자도 있지만
아직도 어머니를 생각하면
철부지 어린 아이적 마음입니다

어머니의 손길이 새삼스럽고
대보름날 달님께 축수하시며
건강하게 똑똑하게 비시던 어머니가 그립습니다

창밖 너머로 밤하늘 커튼 위로
은은하게 밝혀주는 저 달님을
오래전부터 어머니달이라고 생각합니다

정말 외롭고 두렵고 버거운 날에는
투정하는 얘기를 다 들어주시는
달의 미소는 어머니의 사랑입니다

살아 생전 더 잘 해드렸어야 했는데
그렇게 못해드렸던 것이 후회뿐인 지금
꼭 한 번이라도 식사를 모시고 싶습니다

혹시 오늘 밤 어머니 생각에
눈물 글썽이며 달빛이 흐트러진다해도
그마저도 사랑으로 받아주실 어머니

어머니
오늘따라 많이 보고싶어서
한참을 울었습니다

굽은 등뼈

펴지지 않을 만큼 휜
등 굽도록 일했던 흔적
아니 굽신거렸던 비굴卑屈
그러나 흔적 너머에
열심히 살았다는 숨은 진실 하나는.

대충 大蟲

인생을 해롭게하는
가장 큰 벌레가
바로 대충大蟲이라고
진작 알았어야 했는데
그 벌레가 잘 안 잡힌다.

입원 단상

겨울눈이 내렸으면 하던 날
하늘은 뿌연 입김뿐
희미한 추억 속 그 흰 꽃송이는
이 겨울 끝내 안뿌려지려는가 보다

겨울바람이 옷깃틈새로 파고들어
슬픈 사랑만큼이나 아프게 하는 건
광화문에 흘러내리는 촛농때문이 아니고
마음이 추워 떠는 민초民草의 눈물이다

귀가길 이름없는 골목길에서
쿵하니 추돌당한 통증쯤이야
과연 민초의 아픔만 할까
그래도 신새벽에 꽃가루를
기다리는 병상病床은 우수雨水가 아직 멀다.

봄소식

1
알고보니 봄은 마음에서
시작된다는 걸 새삼느끼고

메마른 가지 끝에서
연둣빛 그리움으로 찾아서

저만치 창문을 열고 기다리다
썰렁한 바람결에 옷깃을 여민다

2
성급한 마음에
겨울잠 조차 덜 깬 땅에다 심은 꽃씨들

조금이라도 일찍 나오라고
느림보 봄을 재촉하지만

채 덜 녹은 땅도, 겨우내 떨던 나무도 아닌
알고보면 봄소식은 내 마음입니다.

국화

황금꽃잎을 터뜨리는 환희로
이 고운 가을 사랑의 열정으로

세상을 향해 은근한 꽃향기로
삶에 지친 삶을 위로하는 꽃

지난 봄부터 소쩍새가 울었는지
알 수는 없지만 울었기에 핀 꽃

그 꽃말은 몰라도
가을에 오시는 누님같은 꽃 알지?

정치궤도[1] 政治詭道

고향에 와서 정치를 한다는 기대는 외눈박이로
길을 걷는 위험이 있다. 그렇다고 나름 오래 걸어온
길이기에 미련에 발길 돌리기에도 쉽지만은
않은데…

정치와 문학이 물과 기름인 것을 몰라서 달려든
것은 아니다. 문학적 정치에는 운치韻致가 있을
것이라는 정서가 시인에게는 너무도 자연스러운
서정인데…

여기나 저기나 씹어대는 뒷담화는 결국 정치가
속고속이는 난장판 아니던가. 그 속에서 살던가
죽던가 다들 아우성들인데 시대의 옳고 그름이
어디로 숨었는지 모르겠다

선거전에서 오고가는 막말과 공약空約이 결국은
자기기만의 희극아닐까? 죽기 살기로 위아래도
없이 남녀노소가 뒤엉킨 한바탕 유세전에는 당선된
자가 정치는 궤도란다.

---

[1] 궤도(詭道)는 손자병법 시계편(始計篇)에 "병자(兵者), 궤도야(詭道也)"
에서 기인하는 말로서 '속이는 방법' 즉 '기만전술'을 의미하는 군사용어이다.
정치도 알고보면 정적을 속이는 싸움이라는 뜻이다.

코스모스

방긋방긋 코스모스의 미소
하늘하늘 손짓하며
누구가를 기다리는 여심

그 꽃말은 몰라도
가을의 길목을 지켜온
목이 긴 기다림은 알 듯

기다림이 그리움되면
단풍엽서에 이렇게 한 줄
"코스모스 알지?"

11월의 아픈 별리別離

-조카 故 정일석을 애도하며-

한 해의 막다른 골목길로
월력은 달려왔고
두 그루 나뭇가지 사이만큼
그리움에 젖는 이 가을

가을 입구에서 고왔던 잎새들
속절없이 길 떠나는 만추晩秋에
마음 붉게 물들인 낙엽만은
결코 지지 않을 것이다

어찌할 수 없는 그 순간
거리에 뒹구는 낙엽들은
계절의 끝으로 몰아가는 바람 앞에
모든 것을 비우고서야
깊어지는 인생살이 만큼이나
뒹굴어 숲으로 안긴다

저 멀리 아득한 민천旻天 넘어
지나는 구름에도 눈시울 적시는
남겨진 추억이 외로움 대신
가을내내 가득 채우고
겨울문턱을 넘어 봄으로 이어지리라.

나 하나의 표

1
나 하나의 표가
정치를 바꿀 수 있겠냐고
대한민국을 변하게 하겠냐고
세상을 뒤집을 수 있겠냐고
그런 걱정은 하지 마세요

그런 표들이 쌓여 산이 되고
그런 표들이 흘러 강이 되고
그런 표들이 모여 민심이 되어
바라던 정치를 만들고
대한민국을 변화시키고
세상을 바꾸기도 합니다

2
나 하나의 표도
정치를 바꿀 수 있다는
대한민국을 변하게 한다는
세상을 뒤집을 수 있다는
그런 생각만 하세요

나 하나의 표와 네 하나의 표가
총보다 칼보다 어떤 권력보다도
더 강하고 더 무섭고 더 힘센
민심이 나오고 천심이 되고
꿈꾸던 나의 세상 너의 세상
우리의 세상을 만듭니다.

동서同壻 고故 손기철의 영전에

지금 이 순간 동서를 생각한다는 것은
도저히 가슴 져미는 먹먹함입니다
가슴안으로 심장 속으로
파고드는 그 무엇인가는 슬픔입니다

안경과의 사랑을 했다 할 만큼
남다른 장인정신으로 살았던 동서
그런 그대가 훌쩍 떠난 그제
슬퍼하면서 슬픔으로 끝날줄만 알았는데
벌써 이렇게 그리움 될 줄 몰랐습니다

함께 살아온 지 33년 기나긴 세월
살기 바쁘다는 숨가쁜 삶이
술 한 잔 편하게 나눌 수 없었던
그 시간들이 그리움으로 다시 아파옵니다

과연 동서를 떠나 보내는 것이 맞습니까?
인생길 60여년의 날들을 접지만
동서가 남긴 인정많은 그 추억을 헤아리며
그대를 가슴에 묻어야 할 시작입니다

참 열심히 살았던 동서를
가족들은 추억하며 그리워할 것 입니다
우리의 눈가에 눈물이 마를지라도
언제까지 잊지 않고 마음에 그리움으로
영원한 추모로 그리워 할 것입니다.

불꽃보다 더
아름다운
노을처럼

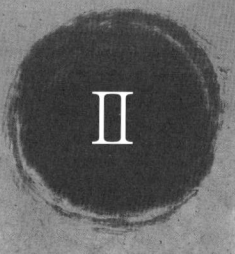

불꽃보다 더 아름다운 노을처럼

불꽃보다 더 아름다운 노을처럼

1
어린시절 초라한 동네골목길을 돌아
힘겨운 걸음으로 내닫던 등굣길
그 시절 모두가 배고팠던 아침이면
우물가에서 물 한 바가지 마시고
배부르려니 하며 씩씩하게 뛰었습니다

꿈이라는 단어를 이해할 수 없었던
희망이라는 한자를 읽지 못했던
도전이라는 의미를 알 수 없었던
그런 아둔한 시절을 지나면서도
마음 하나는 착하게들 살았습니다

큰 교회 옆을 지나며 바라보던
거대한 십자가의 그림자를 피해서
혹여 죄라도 될까하는 초조함으로
거짓말한 것은 없나하고 겁이나
죄는 짓지 말자고 기도했습니다

2
한 순간 불꽃처럼 타올라서

재가 되어 바람에 흔적조차 없이
사라지는 그런 삶을 산 것은 아닙니다 분명히
잿더미 위로 춤추며 피어오르는
잔불씨의 사그라지는 불빛을 바라보며
인생의 허무를 깨닫는 자신에게
왜 살았는지
어떻게 살았는지
무엇을 위해 살았는지
오르려던 산은 어디에 있었는지
그렇다면 지금 어디쯤 가고 있는지를
대답 대신 침묵은 시가 되어 불씨를 살렸습니다

3
사십은 불혹不惑이라고
그러나 현실의 수많은 유혹들은
뱀의 혀처럼 삼킬 듯 삶을 흔들고
불혹은 낙타혹처럼 커져만 갔구요

오십은 지천명知天命이라고
하늘의 뜻을 아는 나이라는데
천방지축 알기는커녕 오십견 앓으면서도

왠 욕심이 그리 많았던가요

육십은 이순耳順이라
비로소 주변의 싫은 소리가 들려도
새소리로 새겨들으니 순해지는 듯
그러나 회한을 되새김하면 아쉬움이 나오지요

육십 하나 환갑還甲이라
갑자간지 한 바퀴 돌아보니 뭔가 보이는 듯
검은 머리 희끗하니 아버지모습 그대로
서럽기도 하려니와 그래도 좋았지 않나요

칠십은 고희古稀라
늙어서 더 살기가 드문 나이라는데
아직은 건강하다고 자신하지만
언제나 마지막이라는 마음으로 걸어가야지요

4
아! 불꽃처럼 타올랐던 청춘도
이제는 식어가는 초로初老의 가을
산하에 물든 단풍의 불길이

꺼지지 않는 불처럼 타오르고
이제 삭풍에 훌훌 잎새들 떠나보내면
나목裸木의 가지위로 눈꽃이 필 것 입니다

이제 저 멀리 서산 너머로
하루 해가 다가서는 저녁시간
새 색시 볼처럼 바알간 홍조빛이 물들고
서서히 타오르며 하늘에 불 지피우고
연기도 없이 불티도 없이 뜨거움도 없이
어떤 불꽃보다 더 아름다운 것이 노을입니다

노을 앞에 마주 바라보라
노을 앞에 맘껏 웃어보라
노을 앞에 펑펑 울어보라
노을 앞에 버럭 화내보라

그리고
노을 앞에 노을이 되어보라
불꽃보다 더 아름다운 노을처럼.

물고기와 바다의 함수

폭풍우 치는 바다
그 안에도 물고기는
기억을 헤엄치며
거대한 파도를 노닌다

늘 하루 종일토록
추억을 비집고서야
사랑이라는 고요가 숨쉬고
물고기는 바다에 잠든다.

마음에 피는 꽃

겨울이 아무리 춥다해도
봄을 막아설 수 없어요
꽃이 추위를 견딘 꿈은
봄을 향한 사랑이지요
봄이 꽃을 핀게 아니고
사랑이 꽃을 피운거지요

사랑도 꽃이라는 건
마음에 피기 때문이지요
봄에 핀 꽃이
세상을 밝힌다면
마음에 핀 사랑은
인생을 꽃피우지요

꽃이 지는게 슬픔이라면
사랑이 지는건 아픔이고요
언제고 피고지는게 순리인데
지는게 두려워 피지 않는다면
지는 아픔을 슬퍼만한다면
이미 꽃은 사랑도 아니지요.

별밤이야기

사랑이 어디서나 분다고
연민이 언제나 온다고
우리는 그리 생각할 수도

그러나 낯선 바람은
아픔이었고 서러움으로
그저 스치며 지났을 뿐

바람은 땅을 울리며
나무와 풀 위를 지나도
언덕을 넘어서면 그리움되는

밤하늘 별이 반짝거림은
손짓이 아니라 눈물자욱
남겨진 애사哀詞가 별이 되었다는

그러면 우리는 별그림자에
손 내밀고 바람을 타고
푸르게 올라 별 하나, 별 둘, 별 셋.

사랑의 거리 距離

멀리 있어도 사랑은 사랑이다
다가와 손잡고
차 마시며 대화 할 수 없어도
그리움 하나씩
보고픔 하나씩
외로움 하나씩
그렇게 이 겨울에 쌓이면
봄에는
벚꽃잎에 사연되어
연분홍 색을 입혀 피어나리라
가까이 있다고 꼭 사랑은 아니다.

새소리와 잔소리

언제나
그 새소리는 그 소리
이 새소리는 이 소리
저 새소리는 저 소리
그래서 듣다보면 새소리는 잔소리다

그 새소리 싫어도
이 새소리 시끄러워도
저 새소리 요란해도
언제나 잔소리처럼 들어야한다

그러나 새소리가 없는 숲은
이미 숲이 아니다
그냥 목재木材일 뿐
생명의 그늘이 아니지 않은가?

살아있는 숲에는 새소리가 있다
그래서 새소리는 숲의 생명이다
새소리는 그 생명의 노래다
더 이상 잔소리라 하지 않는다

그 새소리, 이 새소리, 저 새소리가
그렇게 이렇게 저렇게
숲에서 하모니로 퍼질 때
누가 잔소리라 할거나.

정情

1
세상이 온통 겨울
여기나 저기나 어디나
어제나 오늘이나 춥네요

사람 맘도 매 한가지
햇빛, 달빛아래 별빛아래도
세상사 인심도 겨울 아닌가요

2
그러나 양재기가 웃기고
몽실이가 좋아 죽는다는
그런 봄같은 마을 하나 저편에 있네요

작지만 정성으로
오직 정으로 마음으로
얼은 삶을 녹여서 보듬는 시간들

3
그래요 산다는게 사실
어디서나 추운 겨울인데
우리에겐 몸 녹일 난로같은 정情 하나는 있어야죠

그래서 살맛나게 신나게
우리네 인생을 아름답게
그런 친구 하나만 있어도 참 재밋게 살고 말고지요.

사람의 향기

사람이 좋으면 향기가 다르다
사람의 향기는 샤넬-5도 아니고
오마샤리프도 프라다도 아니다

향기나는 사람은 미소가 다르다
향기나는 미소는 순수다
순수한 미소가 사람의 향기다

향기나는 사람은 마음이 다르다
향기나는 마음은 진심이다
진심어린 마음이 사람의 향기다

향기나는 사람은 사랑이 다르다
향기나는 사람은 용서한다
용서하는 사람이 사랑의 꽃이다

사람이 좋으면 향기가 정말 다르다
향기나는 사람은 그리움이다
그리운 사람이 향기나는 사람이다.

꽃비

걷는 어깨위로 꽃비가 내린다
연분홍 벚꽃잎이다
이 봄을 눈부시게 수놓았던
그 화사한 미소를 남기고
찬란한 눈물이 되어 내린다

구르듯이 어깨선을 따라 흐른다
손바닥 내어 벚꽃잎을 안아본다
이 봄에 황홀한 향연을 끝내고
바람에 스치듯 어느 봄날에
꽃비로 안녕을 고하려는가.

봄이다 꿈이다 사랑이다

목련이 피고 벚꽃이 터지고
뺨 스치는 바람이 다르고
지난 겨울은 봄을 향한
외로움이었지요

겨울이 속삭인 것은
매섭던 바람세보다도
마음에 손꼽던 봄소식이기에
기다림이 더 추웠지요

어제 불어온 비바람의 꽃시샘은
봄의 꿈을 막아선 듯하지만
그러나 겨울은 이미 녹은 잔설위로
그리움이라 노래했지요

봄이 꽃으로 얘기하는 꿈은
여름도 오고 가을도 온다는
그리고 겨울이 외로울 때면
꼭 다시 기다림으로 오는 봄이라고

외로움 만큼 외로운거다
기다림 만큼 기다린거다
그리운 만큼 그리운거다
사랑한 만큼 사랑한거다
그게 봄이다 꿈이다 사랑이다.

5월의 찬가

연초록 물감속에
나긋이 다가오는
아카시아 향기따라
봄처녀가 길 떠나네

계절의 여왕 5월은
장미꽃향기로 머리를 풀고
그리운 님향기로
멀어도 날아오네

초코렛 한 알 입에 넣고
빠시시 깨물어 보는 것은
이리도 애틋한 그리움 덩어리
굳이 사랑이라 말해야하나.

그리움에 대한 에필로그

어둠을 지우는 창밖의 햇살
또 다른 시간대의 격리된 밤
시간차 만큼이나 아련한 숨결은
아침이면 이슬을 머금은 잎새입니다

보이는 손짓보다 더 간절한 마음
눈시울 붉어지는 가슴의 허전함
하오의 햇볕에 타오르는 열기조차
다 채우지 못하는 외로움입니다

푸른 하늘 너머로 구름을 보면
저 멀리 그 곳에서 머무는 모습
상심의 시간을 넘어서 다가오는
붉은 노을 함께 흔들리는 가로등입니다

밤하늘 달이 뜨면 그림자 드리우고
행여나하는 맘 어둠 속에 별을 찾듯
무슨 사연하나 내려올까 애태우며
오늘도 간직하는 그리움입니다.

노을 빛나는 길

안개가 피어나는 숲길
어렴풋한 나무들 사이로
한 줄기 빛이 향하던 길은
신새벽의 여명黎明

가슴 위로 이슬이 내리고
흐르던 숲의 숨결이 흩어지고
또 한 줄기 빛과 하나가 되는
새 아침의 소망

누가 내민 손이 아니라
함께 잡은 손이 안개로 피는 것

낮이면 밤이고
밤이면 낮인 시간의 안개 너머
빛으로 바꾼 것은 바람
그 바람은 그리움

생이 생을 만나
생이 생을 향하고

생이 생을 보듬으며
숲길에 비추인 하오는 꿈

안개가 걷힌 숲길
싱그러운 나무들 사이로
작은 꿈 곱게 곱게
노을 빛나는 길이다.

인생기상도 人生氣象圖

언제나 맑음 일까요
언제나 흐림 일까요
언제나 비만 올까요
언제나 바람만 불까요
맑고 흐리고 비오고 바람불고
그런 하루하루가 세월입니다

어느 날은 아프기도
어느 날은 우울하기도
어느 날은 속상하기도
어느 날은 섭섭하기도
아프고 우울하고 속상하고 섭섭해도
그런 순간순간이 삶입니다

때론 힘들지만
때론 화나지만
때론 슬프지만
때론 즐겁기도 하지요
힘들고 화나고 슬프고 즐겁고
그런 한 해 두 해가 인생입니다

하루하루 세월 속에 살다보면
맘대로 되는 게 없는 듯해도
세상사 이치와 도리가 있어
착한대로[1]
바른대로[2]
베푼대로[3]
물처럼 흐르고 구름에 달 가듯이
인생도 언젠가는 다다르는 길일 뿐.

---

1) 권선징악(勸善懲惡), 상선벌악(賞善罰惡)
2) 사필귀정(事必歸正), 인지상정(人之常情)
3) 자업자득(自業自得), 인과응보(因果應報)

사랑의 여정 旅程

1
돌이켜보면 혼자서는 갈 수 없는 길
함께 걸었기에 다다를 수 있는 길
그 길이 오늘의 이 길입니다

마음이 통하여 뭐든 할 수 있고
믿음이 있기에 함께 갈 수 있는
조심조심 걸어온 여정입니다.

우리만의 행복으로
우리만의 기쁨으로
후회없이 걸어온 이야기입니다

2
당신을 우선하는 존경과
당신을 위한 진정한 위로와
당신을 향한 눈부신 춤사위입니다

더 가야할 길에 비바람있더라도
손에 손잡은 마음 하나로
더 잘 할 수 있는 우리입니다

월미도月尾島에 비추인 보름달의 미소가
사랑을 가득 담아 향기로 피어내는
운명같이 걸어온 사랑의 여정입니다.

목소리가 얼굴이 되다

코로나바이러스 때문에
다들 입을 가리고 산다
마스크가 대신하는 얼굴
누가 누군지도 잘 모른다
낯선 이웃들의 면상面相조차
새삼 보고픈게 요즈음이다

멀리서 들어도 목소리가 삐지면
조용히 참고 말해도 안다
살짝 뒤끝있는 여운으로
삐진 속내가 마스크를 쓴다

마스크라도 삐진 마음을
가릴 수는 없다는 것
화를 안내도 삐졌다는 것
그 목소리가 마스크를 뚫고
귓가를 어지럽힌다

얼굴 마스크는 있지만
목소리 마스크는 없다는
목소리 하나로 오고간 마음

목소리가 얼굴이 되었다
얼굴이 목소리가 되었다.

그리움의 끈

사무치는게 있다면
그러면 그리움입니다

눈물은 슬프다는 의미지만
그리움은 사랑의 마음입니다

슬픔은 소리내어 울지만
그리움은 소리없이 웁니다

외로움은 남겨진 혼자이지만
그리움은 애틋한 둘입니다

그리움은 별리의 아픔이 아니라
재회의 기다림입니다

사무치는 사람들의 정이
그리움의 끈입니다.

시월의 마지막 밤

시월의 마지막 밤은 절박하다
절박함이 주는 무드는 진지하다
이제 더 무엇이 감추어야 할 비밀일까?

한편으론 허물있음에 훈훈하다
또 한편으론 부족있음에 풋풋하다
약점이 하나 더 있다고 장애일까?

솔직함과 선함과 아름다움의 삼원색이
인생 6학년에게 무지개로 채색되는
세월의 익어감에 행복도 꿈도 멋지다.

한숨자락

바람이 빠지는 듯
조용한 신음
힘이 빠지는 듯
푸욱 땅꺼지는 소리
이 소리가 나오면
없던 걱정도 되살아난다

또 뭐지? 또 뭘까?
어떤 일일까? 큰 일은 아닐까?
한숨자락에 가슴이 철렁
서로 궁금하면 관심이고
모른 척 외면하면 남이다

그런데도 한숨부터 나오는
맥없이 툭 터져나오는
그 놈의 한숨이 습관이란다

한숨 짓는다고
안될 일이 되는 것 없고
될 일이 안될리 없다지만
한숨짓는 건 겸손 아닐까?

어머니께서 말씀하셨었다
"얘야~복 나간다!"

행복에 관한 성찰省察

행복이 어디서 오느냐고
행복이 어디에 있냐고
행복이 무엇이냐고

눈뜨면 찾던 것이 아니었던가
생각하면 꿈꾸던 것이 아니었던가
살면서 기다리던 것 아니었던가

한 세월을 살아오며
한 평생을 살아가며 느낀 것은
행복은 사람에게 있었다는 것

돈도 아니고 집도 아니고
명예도 그 잘났다는 뺏지도 아닌
사람이 주는 사랑이라는 것

서로 행복을 바라고
서로 행복을 지켜주고
서로 행복하다면 그 사람이 행복입니다

더 이상 더 바란다면
행복은 욕심에 잠 못 이루고
행복은 끝내 불행을 만나게 될 수도

오늘 누군가의 행복한 목소리를 들으며
행복이 행복을 성찰합니다.

코로나19 때문에

봄은 봄이다

개나리 벚꽃 유채꽃
온갖 꽃들이 화장을 하고
이쁘게 웃는 새 봄이다

지난 겨울 삭풍에 떨면서
얼마나 많은 날들을
아니올까 걱정했던가

그런데 올봄은 봄이 아니다
코로나19 때문에.

절망다루기

어제도 포기
오늘도 포기
내일도 포기
이것저것 다 포기
그러면 절망이다
그런데
절망도 포기하면?

눈물의 형이상학

눈물의 의미는 정말 많다
눈물의 생각은 생각보다 복잡하다
결코 단순한 액체가 아닌
수많은 애증愛憎의 별무리다
그 별들이 빛날 때 행복이다.

냉면 冷麵

내가 먹을 양만큼만
배 한 조각
계란 반 개
시원한 육수에 담긴
평생 맛나던 냉면
올 삼복三伏에는 구경도 못했다.

밴댕이[1]

세상에 단 한 사람
무시당하고 싶지 않아서
큰 소리 오고가면
곧 바로 돌아오는 건
속 좁은 밴댕이라오.

---

[1] 밴댕이는 청어과의 '반지'라는 몸길이가 약15cm정도의 생선을 강화도에서 부르는 사투리다. 흔히 '밴댕이 소갈딱지만도 못하다'는 표현은 성질이 급해서 너그럽지 못하고 쉽게 토라지는 남자를 비하할 때 쓴다.

작은 섬

작은 섬이라고 무시마라
그 섬이 바다에 떠있는 것은
바닷 속 대지大地의 떠받침이다
거센 파도조차 삼킬 수 없는
그 존재라는 힘을 아는가?

불꽃보다 더
아름다운
노을처럼

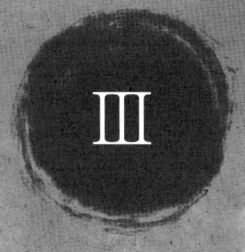

꽃나무의 노래

꽃나무의 노래 1 - 주목나무

적갈색 피부단장
가지 중심 땅으로 뿌리내려
짙은 녹색 올곧은 침엽들 뒤로
연한 황금줄 채색하고
상록의 불변지조不變志操
고고한 기품으로 천년을 사는 나무여

매서운 겨울지나
봄이면 옹골찬 기백으로
녹색 암꽃과 갈색 수꽃
자웅일가화雌雄一家花로
남들이 볼세라 수줍게 피어
뜨겁게 사랑하는 꽃나무의 노래

선선한 바람 불면
어느새 가을이라
붉은 열매 터트리며
여름내내 애태운 사랑을
주렁주렁 매달고서
곱게 미소짓는 그대는 천년주목千年朱木.

꽃나무의 노래 2 - 박달나무

1
알려나 모르려나 박달나무檀木¹⁾ 아래서
고조선 단군왕검이 신시神市를 열었다는 걸
만백성을 다스려야하는 왕이라면 박달博達해야니까
당연히 박달나무아래서 다 아는 척 했을거지요

조선시대 포도청 포졸이 들었다는 육모방망이²⁾가
바로 이 박달나무로 만들었다고 하는데
그 나무 맛깔이 묵직하고 단단하기로
한 대 맞으면 어마무시하게 아픈지라 벌벌 떨었다네요

2
숲에서 훌쩍 자라면 삼십여 미터라 세상 내려다보면
나무가지 뻗어 못되게 자란 곁가지들을 찾아내어
단단한 팔뚝으로 한 매枚 때리면 우두둑 뿌두둑
버르장머리 올바르게 고치는 박달훈장이라지요

어쩌다 그리 모질게 자랐는지는 몰라도
수피樹皮가 거무튀튀한 잿빛이니 다른 나무와 다르지만
그런 박달나무에게도 속 깊은 사랑은 있어
초여름 장맛비에 꽃들도 피고지고 하더라네요.

---

1) 박달나무는 한자명칭으로 단목(檀木)이다. 박달나무[檀]과 나무[木]으로 표기된다.
2) 조선시대 포도청에서 근무하던 포졸들이 사용하던 육모방망이는 박달나무를 이용해 만들어진다.

꽃나무의 노래 3 - 대추나무

1
지난 봄 여름 촘촘히 푸른 잎새들 새로 내어
마당 한 가운데 서서 매서운 햇살 가려주는 그늘구름
아주 먼 옛날 중국에서 이민와서 터잡은 실향나무
가을이면 붉은 눈물방울 가지마다
주렁주렁 맺혀 우는 나무다

그래도 초여름에는 취산화서聚繖花序[1]에
작은 애기꽃피고
오월단오날 대추나무 시집보내고
태몽은 아들이라 사랑도 받고
여름장마 비바람 천둥번개에 놀라
잠 못 이룬 수많은 밤들
애틋한 삶을 주저리 주저리 사랑으로 벌겋게 익혀낸 나무다

2
태풍 링링[2]이 오던 날은 소문대로 사납게 훑었고
여기저기 이곳저곳 안터지고 안할퀸데 없었다는데
잘 자라던 들판 벼이삭도 다 흔들고 빠져갔다는데
밤새 대추나무는 흔들리며 잘 이겨낸 듯 기특한 나무다

그런데 링링의 손찌검에
푸른 눈물방울 뚝뚝 흘렸다는 아픔의 밤
영글어가던 연두빛깔 대추사랑들이
포도鋪道에 나뒹굴어
차마 밟고 지날 수 없어 한 알 두 알 줍다보니
한 움큼 잔뜩 사랑
그 모진 태풍에 눈물 흘렸어도
아직 대추나무에 사랑 많이 걸렸어라.

---

1) 취산화서(聚繖花序)는 꽃대의 끝에 한 송이 꽃이 피고, 거기서 다시 가지가 갈라져 꽃이 핌
2) 링링(Lingling)은 2019년 제13호 태풍의 이름으로 초속 50m의 강력한 태풍이었음

꽃나무의 노래 4 - 단풍나무

1
처녀시절 푸르던 잎새들이
입추지나 서리내려 맞으면
어느 새 시집가고 싶은 냉가슴이다

가을이 시작되면 새색시 단장으로
첫 날밤 옷거름 풀듯이 수줍어하며
얼굴 두 볼에 바알갛게 피어난다

2
푸르던 잎새 단풍들며 가을은 깊어가고
밤새 불던 갈바람에 맘 흔들리기도
날 두고 가신 님 기다림에 스산만 하다

서방님 오실 새라 다섯 손가락 펴들고
마을길 모퉁이 바라보고 흔들며 서서
살랑살랑 님 사랑 손길마다 별바라기다

3
차마 다 못한 가슴사랑 전하고자
그 고운 손등마다 붉은 색 단장으로
따가운 가을볕에 곱게 물들이고 있는가

단풍들면 산자락마다 산불이 난 듯
아끼고 보듬은 사랑불을 밝혀서
낙엽 태우는 가을밤에도 단풍나무는 이쁘다.

꽃나무의 노래 5 - 나도박달나무

1
유치원 다니는 손녀아이 손바닥만하게
푸르고 싱그런 잎새들 틈사이로 촘촘한 커튼이다

마음 맵씨 좋은 아줌니 치맛폭처럼
나무가지 쫘악 펼쳐 그늘지붕 쉼터다

2
속내 깊어 비바람 눈서리 다 맞고 사는게 인생
단단한 사내의 뿌리를 아는 여인은 다 안다

박달나무만 보면 님 그리운 밤 너머로
나도박달나무 못지않게 단단한거 아시나 모르시나

3
나도박달나무라고 몇 번을 말해야 하냐구
나도 박달나무라구 나도 그일 아주 잘 한다니까

그러나 어르신 말씀이 무쇠인들 세월은 못이기는 법이네
나도 박달나무라는 건 마음뿐 몸은 여기저기 아니더이다.

꽃나무의 노래 6 - 밤나무

밤나무 꽃피는 초여름의 밤이면
마을에 풋풋한 사내 냄새가 진동하고
솜털이 날리는 밤이면 아낙네들 잠 설치었지요

산자락 마을어귀 앞마당에도 피는 밤꽃
그 아래로 처녀아기들이 고개 숙인 채
코숨들이 쉬며 시집갈 날 꼽았지요

보름달이 휭한 밤 거치면 무리지어 피는 암꽃
수꽃 화분花粉의 치열한 사랑이야기를
가슴에 안아 품고 키운 밤톨씨앗이었지요

감히 누구라도 함부로 할 수 없는
그 따가운 가시불꽃은 사랑의 당찬 지조라지만
결국 무서리 내리면 알알이 영그는 밤나무지요

갈색 영롱한 화장끼로 익어가는 가을이면
속 깊은 마음으로 가시외투 벗어버리고
붉은 속살을 벌린 채 알알이 맺힌 햇밤을 어이하리요.

꽃나무의 노래 7 - 너도밤나무

둥그스름하니 단단한 껍질이 틀림없이 밤이다
그런데 밤처럼 길지 않은 가시로 둘러 쌓여
누가 봐도 밤 같다고 하겠지만 아닌 듯도 하다

그러다가 가을되면 툭하고 땅에 떨어지면서
여드름 잔뜩 난 피부가 쩍 벌어지는데
밤나무 아니랄까 갈색 알을 품고 있다

그래도 밤이 맞나하고 분명히 까보면
가지고 놀기 좋게 동글동글 타원형 구슬
까무잡잡 이쁘게 갈색 열매가 툭 튀어 나온다

그래 밤나무가 맞는 것 같다
너도 밤나무라고 못할 이유가 없다
그래라 너도밤나무라고 하자.

꽃나무의 노래 8 - 벚나무

봄보다 더 화려한 꽃
봄보다 더 눈부신 꽃
봄보다 더 포근한 꽃
그래요 벚꽃은 봄꽃중의 봄꽃

입춘지나 이른 봄날 아침
눈꽃 내린 듯 연분홍 드레스에
동네 아가씨들 시집 가고픈 꽃단장인가
다섯 꽃잎 화알짝 터트린 봄처녀들의 수줍은 미소

새순보다 꽃잎으로 먼저 피는 봄
꽃비 내리고나면 푸른 잎으로 여름
붉은 열매로 갈색 낙엽으로 가을
하얗게 옷 갈아입고 겨우내 봄을 향한 기도

세월도 비껴간 듯 벚꽃같이 피어
계절따라 빨강파랑 원색을 즐기며
날씨에 어울리는 스카프로 멋도 내고
그대는 해맑은 미소로 본에 핀 키르쉬부류테Kirschblüte.

꽃나무의 노래 9 - 은행나무

1
황금빛으로 익어가는 잎새들이 아쉽더라도
내 삶에서 눈부셨던 열정의 향기로
그 푸르디 푸르던 시절이 남기는 흔적들

바람이 불면 우수수 불꽃가루처럼 떨어지는
희노애락의 시분초時分秒들이 어울어지는 춤사위
가을에는 아무도 몰래 흐르는 찬란한 눈물이다

2
아! 그 눈부신 계절의 여행을 다 마치고
곱디고운 은행나무 향하여 부르던 노래를
벤치아래 쌓이는 노란 파도가 실어가는 축제의 밤

붉은 빛 사랑 물드는 노을의 절정을 바라보고
수많은 금메달로 삶의 포도鋪道를 장식한 그대
더 어찌 아름다울 수 있을까요?

꽃나무의 노래 10 - 소나무

'솔아 솔아 푸른 솔아' 부르지 아니해도
솔은 푸르다 언제나 푸르다 늘 싱그럽다
솔이라 함은 '으뜸'이니 나무중의 나무다

찌를 수 있는 바늘잎으로 촘촘하니 감히 두려우랴
거북이 등짝처럼 쩍 갈라진 붉은 나무껍질은
십장생十長生으로 유일무이唯一無二한 불멸不滅의 나무다

생노병사生老病死와 희노애락喜怒哀樂 다 내려놓고
솔잎으로 우려낸 송진내음 훈훈한 솔잎차 다려
따끈한 한 잔에 위로와 사랑을 담아주는 나무다

옛부터 궁궐목재로 쓰인 것은 기질이 단단함이요
사찰에 쓰인 것은 믿을 수 있는 듬직함이요
그 으뜸이 춘양목이라고 전해오는 기품氣稟높은 소나무다

'남산 위에 저 소나무 철갑鐵甲을 두른 듯'
무쇠같은 의지로 버텨온 세한삼우歲寒三友중 으뜸
삼천리금수강산에 살아 숨쉬는 민족의 정신목精神木이다.

새봄이야기 1

봄에는 새봄이라 한다
알고보면 작년 봄이
재작년 봄이 늘 오던 봄이
헌 봄이 돌아서 온 것 뿐 인데

그런데도 온통 새봄이라
새싹이라 새봄맞이라
새 새 새 새 '새'중독이다
그 새것도 잠시 후 헌 것 되는데

그래요 헌 봄보다 새봄이
헌싹보다야 새싹이 낫지요
그런데 헌사람보다 새사람이
헌사랑보다 새사랑이 정말 좋을까?

새봄이야기 2

봄이 시작되는 것은 분명하다
손녀의 옷 색깔이 바뀌고
거리를 오가는 여인들이 다르다
그렇게 봄이 다가오고 있다

가지치기한 단지내 나목裸木들
작은 티밥같은 새싹이 비집고 나오고
신문에는 부산 벚꽃이 실렸다
새봄 화신花信을 하나 가득 안고 있다

지독한 꽃샘바람 어루만져야
그 아픔이 싸늘하게 지나가야
새봄이 시작되나보다
내게 새봄도 오고 있을까?

새봄이야기 3

봄 찾아 떠난 길은
강화도라 서해 큰 섬
초지대교로 섬 아닌 섬
대명항의 배들이 정겹다

차창 밖으로 농촌의 분주함
새 농사를 준비하는 손길들
뿌린 만큼 거둔다는 진리는
새봄이 주는 가르침이다

외포항 지나 석모대교 지나며
민머루해변 추억이 떠오르고
새봄 오리라 믿고 그때 오리니
강화도는 우리 섬이 된 섬이다.

새봄이야기 4

그대를
생각만해도 행복하다는 사람

그대이기에
무조건 사랑한다고 노래하는 사람

그런 사람과 함께하는
봄꽃보다 더 아름다운 사람

서로 손잡으면
사랑을 잡은 듯 살가워하는 사람

그대만을 위하여
싱그러운 풀냄새로 봄을 기다리는 사람.

새봄이야기 5

눈병이 났다하는
눈에 칼을 대야하다는
무엇을 잘못 본 것 일까
누구를 더 잘 보려는 것일까

이 봄에 핀 꽃들 조차
때가 되어 날이 차면
다 피고지는 순리인데
사람의 눈인들 늘 같을까?

여기저기 핀 꽃을 보려고
화장한 이쁜 얼굴 보려고
차려입은 옷 보려하기 보다
마음에 핀 꽃을 살피려했겠지요.

새봄이야기 6

봄이라 온통 꽃이다
차창밖에 눈길 닿는 곳마다
개나리, 진달래, 백목련, 자목련
철쭉, 붓꽃, 온갖 들꽃 조차
새봄맞이 꽃잔치다

봄이라 이쁜 옷이다
거리에 흐르는 화려한 여인들이 변신
노란 샤츠, 빨간 쟈켓, 주황 티
핑크빛 원피스, 보라색 스카프
새봄과 어울어진 패션쇼다.

새봄이야기 7

겨울내내 추위에
봄이 과연 올까했다
봄이 오고있을까 했다
그러나 어김없이 봄이 왔다

공항의 봄은
오르고 내리는 큰 쇠새떼들이
여기저기에서 물어오는 듯
내리고 타는 사람들이 봄이다

오늘 봄이 온다고 했다
저기 분홍빛 벚꽃으로 서 있다
배시시 벚꽃잎 눈발속에 웃고있는
기다리던 봄과 손 꼭 잡아본다.

새봄이야기 8

날아오르는 쇳덩이새들의 굉음보다
별리의 아픈 소리가
공항의 대합실을 꽉 채운다

그 큰 쇳덩이새들이 날아올라
하늘 저 멀리 떠나가도
끝내 남겨진 아쉬움을 다 담지 못한다

그저 바라보며 손 흔드는 것으로
작별의 눈물을 대신하지만
가슴에 안고 탄 고운 추억을
큰 쇠새들이 데려다 줄 것이다.

새봄이야기 9

허전한 가슴으로
돌아오는 발걸음은
차라리 한 줄기 눈물로
담아둔 아픔대신 흐르고

봄꽃이 다 피고 진
공원의 화단 조차
아쉬움의 향기를
가볍게 흘리고 있는

판도라의 상자를 열지는 마오
리베의 문은 닫아두오
리베의 기둥은 세워두오
남겨진 사랑은 상상으로 춤을 추오

여름 지나야 가을이 오는 줄
한 여름밤의 세레나데가 알기에
결코 작지만 않은 진실의 대화는
잠 못이루는 새벽엔 시詩로 변신하지요.

새봄이야기 10

어느 바닷가
눈부신 태양
에메랄드빛 바다
해변을 채운 파라솔의 군무群舞
모든 조화의 의미는 봄

봄이 떠난 빈 가슴에
어김없이 찾아온 더위
여름을 만나러 간 곳은 작은 섬
그렇다면 파도소리 너머로
가을의 발걸음을 들었을까?

하루 해는 붉은 석양의 눈물로
초저녁 반공에 뜬 달의 미소로
새삼스레 떠난 봄을 다독이고
눈동자에 드리워진 그리움엔
삼복이 지나면 온다는 가을로 가지요.

IV

만주고토에 말달리는 그날이여

우리들은 코리안 엔젤[1]이었습니다

1
그 날은 이역만리 독일로 가는 날
김포공항의 안개가 걷히기를 기다리며
어머니의 손을 꼬옥 잡고 차마 놓을 수 없었던
생이별의 눈물은 꽃으로 갓 핀 우리들에게
살을 에는 겨울바람보다 더 매서웠습니다

보릿고개 궁핍은 배고픔의 고통으로
잘 살아보려는 열망은 독일인들 두려울까요
글씨도 말도 모른 채 떠나는 그 먼 길
비행기창 밖으로 산하가 가뭇거릴 때서야
가슴 한 구석에서 걷히는 눈물의 안개였습니다

2

프랑크푸르트 공항의 첫 발은 두려움이었고
병원의 첫 출근은 낯선 당황함이었으며
통하지 않는 말에는 손짓발짓의 답답함이었지만
땀 흥건히 온 몸으로 해내는 성실함과
상냥한 미소와 친절이 독일사회의 경탄이 되었습니다

낮에는 병동에서, 밤에는 독일어를 배워가며
파김치된 몸을 일으켜 마르크화를 벌어서
고향계신 부모형제를 위해 보낼 때마다
우리들이 왜, 여기에, 이 자리에 있는가를 되새김하며
꼭 잘 살겠다는 가족사랑으로 그리움을 이겨냈습니다

3
때로는 돌아온 숙소에서 기다리는 것이
혼자라는 외로움과 어머니에 대한 그리움
부어스트Wurst의 메스꺼움, 케제Käse의 역겨움
아우스랜더Ausländer라는 비아냥의 서러움이었지만
눈물짓기보다 이겨낸 억척스럼에는 조국이 있었기 때문입니다

밤낮없이 뛰던 병동에서 청춘의 봄이 피고 질 때
투박한 독일청년은 따스한 사랑으로도 다가와 있었고
언어장벽은 한국인의 정으로, 정으로 녹이며
힘겨운 독일환자의 곁을 정성으로 지켜갈 때
우리는 독일에 아름다운 한국과 한국인을 심었습니다

4
인생의 하루하루가 어느새 50년 세월되어 지났고
독일에 뿌린 작은 씨앗들이 건강한 나무로 자란 오늘
푸른 숲에서 들리는 아름다운 새들의 지저귐이
고단했던 시절 청춘의 꿈을 채색하고 우려낸 어울림으로
코리안 엔젤의 은백색 면류관을 눈부시게 비추고 있습니다

반세기 전 가난에 아픈 조국을 치료하기 위해
이역만리 독일을 향했던 우리들의 소망이
조국근대화의 마중물로 한강의 기적을 만들었다는
자랑스런 명예와 긍지로 살아가는 우리들
우리들은 영원한 코리안 엔젤입니다.

-파독 간호 제50주년 기념 축시(1966년~2016년)-

---

1) 한독근로자채용협정에 따라 1966년 서독에 간호사와 광부를 파견한 이래로 벌어들인 매년 1천만 마르크화가 한국 경제발전에 큰 자금원이 된 점을 역사적으로 평가하고 있다. 당시 독일에서는 한국인 간호사를 '코리안 엔젤'이라고 칭송했다. 이 시는 파독 간호사 50주년 기념식에서 시인이 낭송하였고 에센 파독문화회관에 헌액 되어있다.

만주고토[1]에 말달리는 그날이여

1
천왕 환웅이 큰 뜻을 품어 천부삼인 받아들고
널리 세상을 이롭게 하고자 택한 하늘백성은
백두성산에서 발원한 단군조선족이었습니다

고조선 우뚝 세워 진-한의 요동땅을 정벌했고
비록 한사군의 치욕을 당했더라도
고구려로 면면한 것이 불멸의 조선족이었습니다

2
백두성산의 정기 받은 고구려의 기마정병들이
천지성수 흘러 이룬 압록강가 국내성을 출진하여
말타고 달려간 땅이라면 고구려 강토가 되었습니다

국강상광개토경 평안호태왕의 영락시대에
만주와 연해주를 호령하던 제국 고구려의 영광에는
말 잘 타고 활 잘 쏘는 철갑기병의 힘이 있었습니다

3
중원대륙과 북방오랑캐를 두려워 떨게했던
광개토대왕과 장수왕의 다물정신은

철갑기병의 투혼으로 고토회복을 해냈습니다

위-진-수-당나라의 침략을 막아냈고
대륙을 향한 고구려의 꿈은 미완으로 남겨졌으나
향하여 달리고자했던 말발굽소리가 들리지 않습니까?

4
아마도 고구려 철갑기병이 달리고자 했던 길은
만주고토를 지나 요동-요서를 지나 만리장성을 넘어
중원대륙 깊숙이 천하를 정벌하는 길 이었을겁니다

수많은 오랑캐의 침략을 버텨낸 불굴의 저력과
흙먼지 날리며 말달리던 기마민족의 자존심은
고려로 조선으로 대한국인의 DNA가 되었습니다

5
6·25전쟁 폐허에서 맨주먹으로 일어났던 힘도
그 옹골찬 기백도 고구려 기마민족의 혼이 있었기에
보란 듯이 이렇게 대한민국을 일으켜 세울 수 있었습니다

이 순간 심장에 흐르는 피가 대한국인에게 묻고 있습니다

고구려 기마정병이 말달리던
만주벌의 주인이 누구인가를
만주고토에서 말달리는 그날이
진정한 통일인 줄 아는가를.

---

1) 만주고토(滿洲故土)는 고조선의 강역(疆域)을 지칭하는 표현으로 만주를 중심으로 광대한 영토가 원래고조선의 땅이었다. 고조선은 서(西)로 지금의 북경근처의 난하(灤河), 북(北)으로 중국과 몽골의 국경인 얼구나하, 동북(東北)으로 흑룡강(黑龍江), 남(南)으로 한반도의 남부까지 지배하였다.

천안함은
오늘도 서해를 지키고있다

1
2010년 3월 26일 21시 22분
바다도 잠을 자던 백령도 서남방 2.5키로
NLL을 지키라는 군령을 받아
천안함 당당히 항해하던 시간이었습니다

아뿔싸 붉은 잠수정이 심해에 숨어
어뢰를 겨누고 있을 줄이야
미친 개가 아니고서는 차마 저지를 수 없는
천인공노할 만행 이었습니다

암흑의 바다, 거친 파도, 생사의 순간에도
전우들과 함께 죽을지언정
비겁하지 않았던 46용사들
충무공의 후예답게 장렬한 최후를 맞았습니다

2
서해교전의 영웅들과 46용사들이
죽음으로 지켜낸 NLL은
대한민국 해군의 투혼으로
다시는 침략할 수 없는 영해로
우리의 바다로 지켜냈기에
어제도 오늘도 내일도
항해할 수 있음을 알고 있습니까?

결코 헛되지 않으리니
결단코 헛될 수 없으리니
46용사들의 충혼은
살아서는 조국과 함께
죽어서도 해군과 함께
대양 해군의 불침전함 천안함의 이름으로
오늘도 서해를 지키고 있습니다

3
천안함 46영웅이시여!
가슴 져미는 아픔으로
너무나 슬퍼했던 시간들이
어언 10년 세월이 흘러 흘러
이처럼 그리움 될 줄 몰랐습니다

오늘은 님들의 영전에
무궁화 꽃송이를 바치고자
추모의 정을 가득 담아 드리고자
우리가 여기 함께 모였습니다

조국의 바다를 지켜낸 46용사들이시여!
불멸의 호국영령이시여!
영해수호의 불침전함 천안함과 함께
우리들 가슴에 사무친 추모의 서해에서
함께 사랑한 대한민국의 자유와 안보의 바다를
영원히 영원히 지켜주시옵소서.

-천안함 피격 제10주기 추모헌시-

춘천대첩 春川大捷[1]

여기는 조국의 운명을 가름한 격전激戰의 땅
님들의 꽃다운 청춘이 호국영령되어
영원히 숨쉬는 춘천대첩[2]의 성지聖地라

그날 국군장병 애국시민 학생 경찰이
하나 되어 총검을 들었으니
님들의 몸은 자유수호의 방패가 되셨도다

우리도 그 충혼忠魂을 이어받아
조국의 통일과
평화세계 건설의 참된 역군役軍 되오리니

호국영령들이시어
이 땅을 굽어 비추소서

1) 대첩(大捷)은 국어사전적 의미가 '크게 이김. 대승(大勝)'으로 영어로는 'A sweeping victory'로 표기한다. 전쟁 중 전투에서 아군이 적을 크게 이겼을 때 쓰는 명칭으로 지역명에 붙여쓴다. 대첩은 국가의 운명과 전쟁의 승패를 가름하는 결정적인 전투의 대승을 칭한다. 6.25전쟁 개전일 '춘천대첩(春川大捷)'은 국가의 운명을 구한 구국의 대승이었다. 춘천전투에서 국군 제6사단이 버텨주지 않았다면 대한민국은 패망했을 것이다. 역사상 대첩으로 명명된 전투는 살수대첩(612년), 귀주대첩(1019년), 임진왜란 3대 대첩- 한산도대첩(1592년), 행주대첩(1593년), 명량대첩(1597), 일제시대- 청산리대첩(1920년)이 있었다. 이 시비는 춘천시 소양강가에 2000년 6월 26일 '춘천대첩기념평화공원'에 제막되었다. 특별히 시인이 제2군단 근무할 때 소양강전투를 춘천대첩으로 최초로 명명한 당사자이기도 하다.

2) '춘천전투'에 대하여 굴든(Joseph C. Goulden)은 저서 『Korea : The untold story of the war』에서 "한국의 전 전선 가운데 약 6천명에 불과한 한국군 1개 사단(제6사단)만이 유일하게 승리했다"고 기술할 정도로 그 전승의 의미가 단순한 전승이 아니라 '구국의 대승'으로서 6.25전쟁을 거쳐 유일무이한 한국군 단독전투의 '대첩(大捷)'이다. 위대한 구국(救國)의 춘천대첩(春川大捷)은 6월 25일부터 29일까지 5일간 춘천을 방어한 국군 제6사단의 불멸의 전승으로 북한군 제2군단 예하 제2사단의 공격을 완벽하게 저지했던 전승이다. 이 전투에서 춘천시민, 경찰, 학생, 여직공 등이 참전하여 제2의 행주대첩이라고도 할 수 있는 대승으로 춘천을 사수하였기에 대한민국이 생존했다고 평가한다.

연평도에 핀 충혼이시여

1
2010년 11월23일 하오 2시 34분 연평도는
아가도 낮잠 즐기던 평온의 시간
포구의 어부는 그물을 손질하며
밤배 출항 준비에 한가롭던 시간

북괴의 포탄 백여 발이 쏟아지던 순간
마른하늘의 날벼락은 이를 두고 하는 말이던가
백주에 포탄이 비처럼 오던 때
혼비백산은 이를 일러 하는 말이런가?

그러나 그 순간 죽을지언정 물러서지 않았던
해병용사 고 서정우하사님, 고 문광옥일병님
공사현장에서 일하던 고 김치백님, 고 배복철님
님들의 주검 앞에 망연자실했던 참담함 아닙니까?

2
그러나 죽음을 무릅쓰고 적진 향해 자주포를 당겼던
붉은 빛 해병 투혼이 발하던 순간
필사즉생必死卽生 필생즉사必生卽死 해병정신으로
무적해병은 당당히 맞서 싸웠고

기습으로 당한 만큼 적 포진지 향해
또 쏘고 또 쏘고 불을 뿜어서
대한 해병이 살아있음을
국군이 그 자리에 있음을 적에게 알렸다

3
그러나 오늘은 벌써 10주기
지켜드리지 못한 회한에 우리 고개 숙이고
지켜드렸어야 했던 우리가 지금 슬퍼합니다
조국에 받친 님들의 희생을 충혼으로 간직합니다

오늘이 지나도 내년은 다시 오고
내년 또 후년, 백 년이 지나도 추모하며
결코 잊지 않으리라는 그날 그 시간을
국민의 가슴에 충혼으로 새깁니다

4
오늘은 님들의 영전에
국화 한 송이 바치면서
애국시민의 추모를 바치면서
님들 가족의 사랑도 바치면서

자랑스럽던 아들 잃은 어머니 억장을 위로하고
자상하던 남편 잃은 아내의 애절함을 위문하고
너무도 억울한 분노의 눈물을 다시 훔치며
오늘은 님들을 그리는 아쉬움입니다

오늘 님들의 영전에
대한민국의 이름으로 드리는 말씀
'조국은 그대들을 결코 잊지 않으리니
영원히 호국안보의 충혼이 되어주소서'

육사인의 충혼

1
오래전 아주 오래전에
아시아의 등불이 비바람에 흔들릴 때
조선을 살리고자 죽창을 들었던 이들
일제 총칼에도 굴하지 않았던 의병들이 있었습니다

아시아의 등불이 꺼져갈 때
그 등불을 부여잡고
대한제국을 위해 울어야했던 이들
주저없이 총칼을 잡았던 독립군이 있었습니다

비록 망국의 서러움에 울어야 했지만
조국광복의 그 꿈을 향해
풍찬노숙 대륙을 전장터로 누볐던 이들
죽음을 무릅쓰고 일제와 싸웠던 광복군이 있었습니다

그 어느 날
아시아의 등불이 비로소 켜졌을 때
그 등불을 지키고자 가장 먼저 달려온 이들
바로 그들이 화랑의 후예 육사인들이었습니다.

2
대한민국보다 먼저 태어난 군웅들이
별무리지어 태릉으로 달려왔을 때
조국은 긴 안도의 숨을 쉬었고
울려퍼진 군가는 민족의 희망이었습니다

6・25전쟁의 비극으로 존망의 위기에서
적 탱크를 육탄으로 막고 싸운 장렬함에는
의병정신과 독립군, 광복군을 계승한
육사인들이 있었기에 가능했던 호국투혼이었습니다

공산무리배의 간단없는 침략도발에도
죽을 지언정 타협없는 응징의 혈투속에
끝내 지켜낸 조국 대한민국의 파수꾼은
누가 뭐래도 우리 육사인들이었습니다

3
이제 세계속에 자랑스러운 대한민국으로
민주주의를 꽃피우며 달리는 아시아의 등불
그러나 안보의 무거운 짐을 짊어진 채
힘겨워하는 대한민국
이 조국의 산하를 지키는 자들이 육사인들 아닙니까?

단 한 순간도 후회없는 육사인의 지평을 지나며
심장의 박동처럼 용솟음치는 뜨거운 충심으로
군복을 입었거나 벗었거나 명예와 자부심으로
죽어서도 조국에 받칠 마지막 심장은 육사인의 충혼입니다

아! 육군사관학교 화랑대여!
백 년이, 천 년이 지나도 청사에 빛날 이름이여!
청백대열의 육사와 육사인의 충혼은
시작도 끝도 위대한 조국 대-한-민-국입니다.

육군의 투혼이 꽃피는 계절

동면冬眠의 기지개를 걷우는 아침
햇살은 병영의 숨결을 깨우고
보무步武도 당당한 용사들의 행진이
지축地軸을 흔들며 지쳐나가는 봄

지난 겨울 혹한의 시련속에서도
전우와 똘똘 뭉쳐 강한 훈련 이겨내고
북풍北風 막아서서 한설寒雪 몸으로 녹인
그 기개와 용기를 그립게 하는 봄

잔설殘雪이 분분하나 계곡으로 녹아 흘러
작은 시냇물을 이루어 달리는 시간들 모여
강江에 이르러 비로소 함께하는 전우애
그 힘이 모여 도도히 흐르는 육군의 봄

그 깊은 물 가운데 두려움없는 흐름으로
국태민안國泰民安의 위국헌신爲國獻身으로
군인본분軍人本分의 소명召命으로
죽음이 초개草芥와 같은 충성의 육군이여!

국가안위國家安危위해 노심초사勞心焦思로
지새운 수많았던 겨울밤들은 봄으로 이어지고
이제 강군강병으로 거듭난 용사들의 투혼은
싸우면 이기는 정예육군되어 진군하는 새봄이어라.

호국의 횃불 국군을 사랑합니다

백두성산아래 만주와 한반도에는
대륙의 오랑캐도 두려워 떨던
동이족東夷族이 살았습니다
그 너른 벌판에 말달리던 민족이
바로 우리 대동이족 이었습니다

한울님이 하늘을 열어 세운 배달겨레
반만년 세월 속에 풍상을 이겨내고
그 거친 역사의 파도를 넘어서
한민족의 강역疆域을 지켜온
배달민족이 바로 우리 한민족韓民族입니다

대륙의 거친 말발굽이 짓밟아도
왜놈의 총칼이 피를 불러도
이데올로기의 망령이 불장난해도
흔들리지 않았던 민족혼이 있었기에
지켜낼 수 있었던 대한국인의 맥박입니다

시대의 가치가 혼돈되고
역사의 진실이 왜곡되고
민족이 나아갈 길을 방황할 때

흉흉한 파도위에 홀로 등대된 불빛
호국의 횃불이 타올라 국군으로 이어져 왔습니다

이 횃불은 홍익민족의 지킴이로
남북이 하나되는 다물정신[1]으로
세계 속에 우뚝 선 대한민국을
천년미래의 꿈으로 이어줄 호국의 횃불
우리의 국군을 사랑합니다.

---

1) '다물'은 고구려말로 '옛 영토를 다시 찾는다'는 뜻이다. 그렇다면 추모왕(고주몽)이 고구려를 건국하고 나서 다시 찾겠다고 나선 '옛 영토'는 바로 고조선의 땅을 의미한다. 광개토대왕은 고구려 건국이념을 실천하여 고조선의 옛 영토를 정복하였고 최대의 강토를 이룩한다. 고구려의 옛 영토가 고조선임을 확실하게 알 수 있는 중국사료는 〈후한서 동이열전〉에 "예와 옥저, 고구려는 원래 모두 고조선의 땅이었다"고 기록되어있다.

죽을지언정 비겁하지 않겠노라

1
내 생명 조국을 위해 선택한 군인의 길
참고, 참고 또 참아야 하는 외로운 이 길
자신과의 싸움에서 이긴 자만이 걸을 수 있는 이 길
부귀영화 배부름보다 힘겹고 배고픈 군인의 길 위에
위국헌신 군인본분의 충성스런 군인들이 있었습니다

대한민국 국군의 신성한 계급장을 달고
명령에 살고 명령에 죽는 군인의 삶에서
언제 어디서고 조국을 위해서 죽음을 꿈꾸는
그런 충직한 군인들만이 부끄럽지 않은 이 길
그 40년 길 위에 고 이재수[1] 장군도 있었습니다

2

그런 장군에게 민간사찰이라는 조작된 누명과
덧씌워진 모욕과 협박과 공갈로
군을 모함하라고, 상관과 부하를 배신하라고
그러면 그렇게 한다면
아주 편히 잘 살수 있다고 유혹했지만
'죽을지언정 비겁하지 않겠노라'는 진실을
죽음으로 남겼습니다

내가 살아서 부하가 죽는다면
내가 살아서 사랑한 군이 부끄럽다면
내가 죽어야 부하가 산다면
내가 죽어서 대한민국이 산다면
군인된 자, 기꺼이 죽어야 할 순간에 서있는 줄 알기에
이재수 장군은 장군답게 순국의 길을 택한 것 아닙니까?

3
이제 장군을 추억한다는 것이 가슴 져미는 아픔으로
심장 속으로 파고드는 그리움의 눈물이지만
우리가 슬퍼만 할 때가 아니라는 것을
눈물만 흘릴 때가 아니라는 것을 알게 하였기에
우리 지금 여기 이 자리에 다함께 서 있습니다

오늘 추모하는 슬픔에 더 슬픈 우리들이 되었지만
지금 대한민국이 어디에 서있는가를
오늘 대한민국이 어떤 지경인가를
내일 무엇을 어떻게 해야하는가를
장군의 순국이 느끼게 깨닫게 하나되게 하였습니다

자유대한의 산제사되신 이재수 장군이시여!
호국의 별 되시어 대한민국을 굽어 살펴주옵소서
'죽을지언정 비겁하지 않겠노라'는 그 진실만은
우리들 눈가에 눈물이 마를지라도
영원히 영원히 잊지 않을 것입니다.

1) 고 이재수 장군은 육사37기로 국군기무사령관을 역임하였으며, 세월호 사건 관련 조사받던 중 "한 점 부끄럼없이 살았다"는 결연한 유서를 남기고 2018.12.7일 스스로 순국의 길을 택했다. 제1주기 광화문기념식에서 시인이 직접 낭송한 추모시.

백일교白-橋[1]의 꿈

아시아의 등불이 악몽을 깨어
신새벽의 눈부신 일출을 맞을 때
조국의 허리부터 갈랐던 비운의 38도선

공산도배의 천인공노할 6.25 남침은
금수강산을 피로 물들였지만
수사불패雖死不敗로 싸워지켜낸 대한민국

낙동강 전선의 풍전등화를 승리로 넘어
통일을 향한 총진군, 북진의 길에서
거침없이 선봉으로 돌파했던 국군 제1군단

38도선을 돌파하라는 북진명령을 안고
통일의 첫 꿈을 꾸게했던 장군 김백일
지금도 살아있는 백일교의 꿈은 통일조국.

---

[1] 백일교는 6.25전쟁 당시 국군 제1군단을 지휘하여 38도선을 최초로 돌파한 김백일 장군을 기리고자 그의 이름으로 명명된 되어 지난 2015년 재정비되었으며, 이곳에 '백일교의 꿈'이 시비로 세워졌다.

조국의 독립을 향한 애국혼이시여

1
오래전 아주 오래전에
아시아의 등불이 비바람에 흔들릴 때
조선을 살리고자 죽창을 들었던 님들
일제 총칼에도 굴하지 않았던 의병이 있었습니다

아시아의 등불이 꺼져갈 때
그 등갓을 부여잡고
대한제국을 위해 울어야했던 님들
주저없이 총칼을 잡았던 독립군이 있었습니다

비록 망국의 서러움에 울어야 했지만
조국 광복의 그 꿈을 멈추지 않고
풍찬노숙 중국을 전장터로 누볐던 님들
죽을지언정 항복하지 않았던 광복군이 있었습니다

2
일제 식민시절 민족의 간절한 열망을 가슴에 담아
세상을 향해 보란 듯이 만든 상해의 임시정부에서
'대한민국'이라는 새 국호를 당당히 세우신 님들
그렇게 다가오는 조국 광복을 준비 했었습니다

비록 가진 땅덩어리 잃었고, 백성도 볼모였지만
대한민국의 주권을 스스로 세운 위대한 님들
한민족의 간절한 소망을, 성취로 이루어낸
장하신 열사, 의사, 투사들이 계셨기에 가능했습니다

민족의 스승 김구의 대한독립만세는
독립군 의병중장 안중근 의사의 하얼빈 대첩으로
대한의 청년 윤봉길 의사의 홍구공원 대승으로
10억 중국인에게 대한국인이 어떤 민족인가를
왜놈들에게 대한국인이
얼마나 무서운 민족인가를 보여준
광복을 향한 죽음을 넘어선 충성으로 싸웠습니다

3
이제는 세계 속에 자랑스러운 대한민국으로
민주주의를 꽃피우며 달리는 아시아의 등불
한반도와 대륙에서 의병, 독립군, 광복군으로 싸워 이긴
심장의 박동처럼 용솟음치는 뜨거운 호국영령들이
오늘 이 자리에 그대들에게 외치고 있습니다

대창영의 소년소녀들아!

지금 너희들이 누리는 자유와 민주와 평화가
꿈을 펼치며 사는 대한민국이
의병, 독립군, 광복군과 순국선열의 사랑인 줄 아는가?
언제 어디서나 조국을 사랑하라
괴로우나 즐거우나 나라를 사랑하라.

-2019년 창영초교 6학년 중국독립투쟁 현지견학 기념시-

창영초교[1] 100년의 꿈이여

1
1907년 5월 6일!
암울한 시대의 여명을 뚫고
한 줄기 빛으로 태어난
조선의 작은 꿈이 있었습니다

그 조선의 꿈은
왜적의 침략으로 짓밟힌 억울함과
순하디 순한 백성들의
몽매함을 깨우는 기지개였고
새벽을 알리는 자명종이었습니다

민족의 부름을 받아서
큰 걸음 내딛었던 창영은
그 빛이 인천을 밝히고
조선의 미래를 열어가는 약속이었습니다

나라잃은 설움 속에서도
배달겨레의 자손들에게
민족혼을 가르치던
항일 독립만세의 성역이 되었습니다

2
2007년 5월 6일!
개교 100주년의 생일을 맞는 오늘은
창영의 이름만으로도 가슴이 떨리는
경이와 축하와 감동이
우리 모두의 눈시울을 젖게합니다

오늘의 대한민국을 위해
공산군의 침략에 맞써 싸운
학도병과 국군을 키워낸 호국의 산실이요
선한 국민들과 애국시민들을
헌신하는 지도자들을 키웠고
사회를 이끌어가는 인재들을
세계를 위해 봉사하는 한국인을
자랑스럽게 배출한
창영의 100년 이었습니다

감히 면면한 이 100년 역사에 맞설 자가 누구이며
감히 유구한 이 100년 전통에 비길 데가 어디며
감히 자랑스런 이 100년 역사에 다가설 자 있습니까?
없으리라, 아마도 없으리라, 차마 없으리라

조선의 작은 꿈으로 태어나
대한민국의 큰 꿈을 이루고
새로운 100년을 다시 꿈꾸는
아! 창영! 창영! 창영인이여!

새 꿈을 가지고
새로운 영광을 향하라
날아오르라! 다시 날아오르라!
창영! 창영인이여!

---

1) 인천창영초교는 1907년 개교되어 대한민국의 4번째로 오래된 초교이다. 3.1운동 인천지역만세운동의 발상지이기도하고, 고 강재구 소령(41회)과 프로야구 류현진(90회) 선수도 배출한 학교이다. 지난 2019년 9월 27일에 육군사관학교와 유일무이하게 자매결연을 맺은 초교이며, 시인(61회)의 모교이다.

그랬었다 이제는 그래야한다

1
1958년 개띠해 나라도 국민도 가난했던 그 시절
코흘리며 들어선 첫 학교가 창영국민학교였다
강냉이빵 먹고 고구마도 구워먹었다 그랬었다
떠든다고 손바닥 때리시던 선생님들
맞고나면 얼굴보며 크크크 웃고 그랬었다

운동장이 좁을 만큼 많았던 선후배동창들
축구 농구 철봉 줄넘기 고무줄놀이 점심먹고 그랬었다
가을체육대회에서 우리반선수를 응원하며
이기고 지고 가슴 조였던 어깨동무 친구들
기말 성적표 받으면 부모님께 안절부절 그랬었다

2
까까머리 단발머리 그 시절
머쓱하게 자란 소년소녀들 순진했었다
교복에 멋 내었다 교문에서 혼쭐도 났었다 그랬었다
디스코에 맞춰 하늘도 찌르면서 반항도 했었지만
예비고사 본고사 입사시험 걱정에 잠 못이룬 밤들 그랬었다

푸른 하늘 흰 구름만 봐도 웃음이 나오던 그 시절
캠퍼스와 사회직장 공장에서 어디나 새내기로
청춘은 미숙한 첫 사랑에 아프기도 했었다 그랬었다

술 한 잔 담배 맛에 어른이 다된 듯 폼도 잡았었고
시류에 저항하며 돌도 던져보고 최루탄도 맞고 그랬었다

3
이 직장 저 직장 이 부대 저 부대 그 시절
치열한 생존경쟁에 돈버는 고생도 알았고
연애하랴 선보랴 결혼하랴 참 바빴었다 그랬었다
자식낳아 키워보니 부모님 고마운줄 철도 들었고
중년의 여유보다 업무에 책임에 고단했었다 그랬었다

어느 새 희끗희끗 흰 머리가 드러나는 시절
자식들 하나 둘 시집장가 보내려니 고되었었다 그랬었다
그런데 한없이 이쁜 손자들 재롱에 기쁘지 아니한가
열심히 살아온 세월 돌아보니 벌써 환갑이지만
이제는 더 건강해야한다 더 행복해야한다 그래야한다

과거를 후회하기보다 남은 인생을 즐겨야한다
친구들과 소원했다면 남은 시간 어울어져 친해야한다
가고 싶었던 곳 있었다면 부부동반 여행도 가야한다
먹고싶고 입고싶던 것 있었다면 맘먹고 해야한다
우리 모두 환갑에도 새로운 꿈을 찾아야한다 그래야한다.

-창영 61회 환갑 자축연 축시-

푸른 구름을 타고 오르라

1
경인벌 너른 들을 지나 구산골에는
적진을 향해 날선 칼을 품고서
조국의 심장心臟을 지키는 용사들이 있습니다

수도 서울의 가장 중요한 길목에서
강과 바다와 하늘을 책임진 조국의 불침번
천하무적天下無敵 수사불패雖死不敗의 번개부대가
있습니다

부여된 임무가 아무리 어렵더라고
상하동욕자승上下同欲者勝의 전우애로 단결된
반드시 싸우면 이기는 육군 제17사단이 있습니다

2
정서진正西津 바다 위로 석양이 기울면
주간경계는 야간경계로 이어지고
길고 긴 밤을 뜬 눈으로 지켜내는 번개용사들입니다

그런데 그들 속에 남다른 꿈을 간직하고
청운학당을 향한 집념의 발걸음들이 있으니

주경야독晝耕夜讀 투혼의 번개간부들입니다

오늘도 하루 일과가 바쁘고 힘겨웠지만
푸른 꿈을 향한 그들의 열정과 집념은
밤을 낮삼아 배우겠다는 번개부대 청운대생들입니다

3
이제 시작한 한 걸음 한 걸음, 하루하루가 쌓여
꿈을 향한 도전의 이정표가 되어서
새해 새로운 목표를 향해 날아오를 것입니다

오늘 동료간부들과 함께하는 이 시간들이
훗날 얼마나 잘한 선택이요, 보람이요, 명예인가를
사학의 명문 청운대학이 책임질 것입니다

더 이상 주저할 시간이 없다는 것을 알았기에
번개부대 번개간부 청운대생들은
푸른 구름을 타고 올라 꼬옥 꿈을 이룰 것입니다.
이 자리에서 반드시 이룰 것을 명령합니다.

-청운대학 17사단 분교 개강식(2016.3.14.)-

한국전쟁의 영웅들
그리고 한미 혈맹

1

1950년 6월 25일 그해 여름은
북한군의 기습침략으로 수도서울을 뺏겼고
대전으로 왜관으로 영덕으로 후퇴했지만
낙동강 전선에서 손을 마주잡은 한·미군은
낙동강을 적의 피로 물들이며 처절하게 싸웠습니다

전선의 진두에 선 용감한 워커 장군
적들과의 전투에서 흔들리는 유엔군 장병들에게
"죽음으로 지켜라!"는 진지사수를 명령했고
왜관 북방 다부동 전투에서 백선엽 장군은
"내가 물러선다면 너희가 나를 쏴라!"는 절규로
후퇴를 막았습니다

2
1950년 8월의 여름은 너무나 무더웠고
낙동강전선은 조국을 지키기 위한 최후의 방어선
죽음을 무릅쓴 한·미 연합군의 반격으로
낙동강을 건너려는 북한군을 격파했고
한·미군은 불굴의 투혼으로 그 여름을 이겼습니다

1950년 9월 15일 인천상륙작전은
맥아더 원수의 집념으로 기획된 '크로마이트 계획'
'불가능하다'는 워싱턴의 모든 반대를 무릅쓰고 강행
한·미 연합군은 서해의 파도를 뚫고
월미도로 상륙했습니다
이 작전은 맥아더 원수만이 할 수 있는
위대한 전사가 되었습니다

3
1950년 9월 28일 수도서울의 수복
대한민국의 자존심을 회복한 그날부터
한 맺힌 38도선을 거침없이 돌파한 국군과
압록강과 백두산을 향해 유엔군도 북진 또 북진
그러나 중공군의 개입은 통일을 막은 민족의
비극이었습니다

1950년 겨울 엄동설한의 후퇴가 불가피했지만
장진호 전투에서 중공군 포위를 뚫은
미 해병1사단의 투혼과
피난민 10만명을 구출한 김백일 장군,
알몬드 장군과 라우선장의 인간애
자유를 향한 메러디스 빅토리호의 항해는
크리스마스의 기적으로
한국전쟁의 영원한 전사로 혈맹의 신화가 되었습니다

4
1950년 6월 조용한 아침의 나라에서 전쟁이 났고
한국전쟁을 승리로 이끈 많은 전쟁영웅들
그들의 용감한 전투이야기는 전사에 빛나고
그들의 희생과 헌신은 영웅이야기로 전해지겠지만
그러나 진정한 영웅은 장렬하게 산화한
무명용사들이었습니다

한국전쟁에서 만나 전우가 되었고
한국의 자유와 민주주의를 위해 싸웠던 한·미 연합군
한미상호방위조약으로 동맹이 되어
이 땅에서 64년간 평화를 지켜온 한·미 혈맹
세계 평화와 한국 통일의 위대한 다리입니다.

Korean War Heroes & Bloody Alliance

1

That Summer on the 25th of June 1950
The Capital Seoul was suddenly attacked by NK forces
But ROK forces were forced to retreat to Daejeon,
to Waegwan, to Youngduk
The ROK Army & US Army joined forces
at the Nakdonggang Front Line in July for the first time
And fought desperately while the Nakdonggang
was strained with the enemy's blood

General Walker was at the head of Front Line
To UN solders who were awed in the battle
against the NK forces
He ordered them to defend their position
till the end "Stand or Die!"
MG Paik Sun Yup at the battle of Daboodong
in the Northern part of Waegwan
He shouted loudly "If I turn back, shoot me!"
We had fought together just like that.

2

In that sultry Summer of August 1950

The Nakdonggang Front Line was the last defensive line

ROK & US Forces defeated NK forces

going across the Nakdonggang River

We stood up till the end with an Iron Will

And Incheon Landing Operations on the 15th September

It was 'a Chromite Plan' made by the tenacity of

General McArther

He enforced it in spite of Washington's opposition

saying 'It's impossible'

3

The Capital Seoul was reclaimed on 28th September
ROK Army crossed over the 38th Parallel Line
without hesitation
The US Forces also marched North onward to Yalu river
Ah- But the intervention of the Red Chinese Army
was a national tragedy ultimately preventing unification

At the Changjin battle the US 1st Marine Division
passed through the siege of the Chinese Army
with a Fighting Spirit in severe Winter
The Humanism of LTG Almond, MG Kim Baek Il,
and Captain LaRue rescued 100,000 NK refugees
The Voyage of Meredith Victory for the Freedom
was a Miracle of Christmas

4

The war was broken out in the morning calm country
on June 1950
The numerous heroes led the victory of Korean War
Their brave battle stories are shining until now
The true heroes were the unknown soldiers
who died courageously at no name hills
and ridges and valley

We met and have become the comrades
of the Korean War
US Forces had fought
for Korean Freedom and Democracy
ROK & US Bloody Alliance have defended the Peace
in Korean Peninsula for 64 years
It will be the great Bridge
of the Korean Reunification and World Peace.

한미동맹의 위대한 다리가 되어

1
냉전의 뜨거운 불이 붙었습니다
그 불속에 아우성치는 사람들
그 뜨거움 속에서 몸부림치는 사람들
그 처절함 속에서 살려달라는 사람들
모두들 바라보고만 있었던 시간에
그 불길 속으로 달려와
손내민 이웃이 있었습니다

불길의 야욕은 집을 다태우고
그 속의 사람들을 집어삼켰고
부모처자식이 불길을 피해 떠날 때
그 위험속으로 다가온 이웃은
죽음을 무릅쓰고
우리의 생명을 지켜주었습니다

2

불길이 집을 잿더미로
타고난 자리에 절망을 남겼을 때
다른 친구들이 다 돌아갔어도
망연자실 넋이 나간 우리곁을
다치고, 데이고, 마음 찢긴 우리곁을
한 친구만은 떠나지 않았고
부모처럼, 형제처럼
보듬어 살펴주었습니다

폐허에서 굶주리고 있는 우리에게
가진 것 아낌없이 나눠주었고
쓰러진 우리를 일으켜 세워준 친구
다시 일어나 함께 걷자고 손잡아준 친구
그 친구가 오늘의 대한민국을 있게 하였습니다

3
그런 친구이기에
63년전 혈맹의 약속대로
월남에서 함께 싸웠으며
동티모르에서, 아프가니스탄에서
소말리아에서, 이라크에서, 레바논에서
언제 어디서고 함께 해온 한미동맹
아! 소중한 약속... 동맹 63년은 위대한 다리가 되었습니다

비록 냉전의 불씨가 아직까지 살아있지만
동맹의 꽃으로 핀 한미 양국은
한미 양국민의 강한 신뢰가 되어
한반도 평화의 전우애가 되어
영원한 한미동맹의 다리가 되었습니다.

The Great Bridge of the ROK-US Alliance

1

The flaming fire of the Cold War had been ignited

While people were crying in the flames

While people were struggling from the fire

While people desperately cried for help

While others stood by and watched

Some neighbors rushed into the flames to lend a hand

While the amber of ambition consumed houses

And the people within

While families fled from the fire

Neighbors who stepped into the danger

Risking death

Saved our lives

2

When the ashes of the burnt houses

Only left desperation

While others left

Only one friend stayed behind us

To be at our side while we were devastated

Who were hurt, torn, and emotionally fragile
And helped us out
Like parents and brothers

While we were starving in the rubbles
One friend was unsparing in giving us
Helping us stand up on our feet
And offered us a hand to stand together
That friend enabled us to be who we are today

3
Because of our friendship
We kept our promise of 63 years of blood tied alliance
Fought in the Vietnam together,
In the East Timor, Afghanistan,
Somalia, Iraq, Lebanon
We had the ROK-US alliance wherever and whenever
Such treasurable promise… 63 years of alliance

Even though the amber of the Cold War is alive until now
ROK & USA bloomed as the flower of the alliance

As a strong trust between ROK-US both people
As a friendship of peace in the Korean peninsula
It became the great bridge of ROK-US alliance forever!

같이 갑시다

1
일제의 손아귀를 벗어났지만
냉전의 불꽃에 어쩔 바를 모르던
그 불구덩이에서 아우성치던 때
우리는 절망 앞에서 울어야했습니다

북한공산군의 총칼은 무자비했고
빨간 완장은 처절하게 삶을 파괴하였으며
학살의 현장에서 부모형제의 시신을 찾을 때
우리는 슬픔을 이겨내며 싸워야했습니다

2
대한민국이 벼랑 끝에 내몰려서
싸울 기력조차 잃어가던 전선으로
달려와 손잡아 일으켜준 나라는
누가 뭐래도 정의로운 나라, 미합중국이었습니다

잿더미에서 배고픔에 울 때
아낌없이 나눠주고 보듬어준
다치고 아프고 추울 때도 같이 피흘리며
끝까지 함께 곁을 지켜준 친구들 이었습니다

3
휴전이래로 65년이 지난 지금도 한결같이
대한민국을 사랑하는 동맹의 우정으로
북핵의 불장난에도 굳건한 서로의 믿음으로
든든한 방패가 되어 함께 걸어가는 혈맹입니다

붉은 노을이 지면 별이 빛나는 밤
그 밤에는 별빛의 향연이 아리랑되리니
어느 날 은하수물결처럼 다가올 통일의 소망
그날까지 "같이 갑시다"입니다.

WE GO TOGETHER

1

Having escaped from the claws of Japanese Empire
At a loss for what to do with the flames of Cold War
When howling in the pit of fire
We had to cry in front of despair

Ruthless were the guns and swords
of the North Korean Forces
And the red armband destroyed our lives brutally
Finding the bodies of parents, brothers and sisters
We, in sadness, had to fight against them

2

Came running to the front line
Where the Republic of Korea was flabby
Driven to the brink of the precipice
And took the hand to raise it up
Was the righteous country, the United States of America

When we were crying in the ashes in hunger
Unsparingly sharing to us and embracing us

And bleeding together with us injured
and in pain feeling cold
The friends who kept us together until the end of war

3
It is our bloody alliance walking together
as a solid shield
With the friendship of alliance
loving the Republic of Korea
Constantly till now, for 65 years
after the Truce Agreement
And firmly believing each other
against the NK provocation with fire of nuke.

In the starry night after a flaming sunset
May the starlight feast become Arirang
Some day, the unification
will come up like the Galaxy wave,
And until that day, "WE GO TOGETHER."

미 육군 제2사단[1)]은 천하무적이다

1917년 10월 26일,
거대한 별이 인도한 곳은 프랑스 버몬트
전사들이 은하수처럼 무리지어
제2사단의 별들로 모여들었고
전선을 누빈 100년의 발자취에는
승리가 빛나는 위대한 역사였다

제1차 세계대전과 제2차 세계대전의 포화 속을 뚫고
자유와 정의 그리고 민주주의를 지킨 전사들의 투혼은
'제2사단은 승리'라는 명성을 안고 개선한 영웅들이었다

한국전쟁에서 낙동강전선으로 달려와서 북한군을 막았고
전선 돌파의 최선봉이 되어 평양에 입성한 첫 사단의 영광은
다시는 쓸 수 없는 미 육군사 승리의 신화로 빛나고 있다

공동경비구역에서 대한민국의 자유와 평화의 방패가 되었고
휴전선 155마일과 비무장지대에서 함께 싸웠던 혈맹으로
통일의 그날까지 '우리는 같이 간다'고 약속한 영원한 전우다

아! 2017년 10월 26일!
1세기라! 100년이라!
천하무적 미 육군 제2사단이여!

누구보다 대한민국을 더 사랑한 미 육군 제2사단이여!
새로운 100년의 승리를 위하여 전사에 이렇게 쓰라
'미 육군 제2사단은 천하무적이다'

---

1) 이 시는 2019년 6월 27일 미 육군 제2사단 창설 100주년을 기념한 한영축시로 지평리전승기념관에 시비가 제막되었다.

The US Army 2nd ID is Second to None

On October 26 1917,
a giant star led the way to Bourmont, France
Warriors clustered like the Galaxy and gathered in the stars of the 2nd ID
A great history of victory, following in the footsteps of 100 years at the battlefield

During World War I & World War II through the smoke of artillery
The fighting spirit devoted for the freedom, the justice and the democracy
An invincible heroes that earned the reputation of "The 2nd ID is the victory"

During the Korean War, at the Nakdong River Front line against NK forces
The US Army 2nd ID was in the vanguard and earned the honor of being the 1st Division to recover Pyongyang
It shines as the US Army's legendary feat that cannot be rewritten

The US Army 2nd ID was a shield of freedom and peace in JSA for the ROK
As the bloody brother that stood together at the 155 miles of MDL and DMZ
Until the day of reunification we are the eternal comrades with this promise: 'We go together'

Ah! October 26, 2017!
One century! One hundred years!
The US Army 2nd ID is invincible!

The US Army 2nd ID which love the ROK much more than anyone!
Write like this for a new 100 years victory in the war history
The US Army 2nd ID is 'Second to None'.

불꽃보다 더
아름다운
보물처럼

시인 장순휘를 말하다

李玉熙 시인, 前 한국여성문학인회 회장
조병락 수필가, 화랑대문인회 회장, 육사16기
박 만 前 방송통신심의위 위원장, 前 서울지검 제1차장
박호성 수필가, 명예경영학박사, (주)이지에스아이엠 회장
임승권 국방문화예술협회 부회장, 육사38기 제42대 동기회 부회장

시인 장순휘를 말하다 ①

다정하면서 인간적인 시인 장순휘

李玉熙
(시인, 前 한국여성문학인회 회장)

항산 장순휘 시인은 지혜롭다. 진작 시, 수필, 소설, 문학평론 등 각 문학의 4개 쟝르별로 등단한 능력있는 작가이다. 이렇듯 다방면으로 능통하려니와 특히 신용산신문에 정치학박사로서 해박한 시사감각을 겸비한 안보칼럼니스트로도 기고활동을 하면서 안보분야의 전문성으로 정론을 펼쳐왔으며, 용산구민의 가슴을 따뜻하게 보듬어주는 문학인이다. 특히 우리 용산문학회 부회장으로서 주요 행사가 있을 때마다 재치있고 감각적인 사회자로서 청중을 감화시키는 능숙한 언변은 문학인의 존재감을 더욱 빛나게하는 협회의 인재이기도 하다.

시인은 일찍이 대한민국 육사 출신(38기)의 직업군인으로 조국애와 사명감이 투철한 군인이었다. 육사생도시절부터 들어선 문학의 길에서 평범한 민간생활과 단절된 굴레 속의 고뇌도 있었으련만 불굴의 의지 하나로 오늘날까지 열정의 시인으로 거듭나는 것을 옆에서 지켜보았다. 장 시인은 군출신으로서 우려되었던 경직성을 투과한 유연한 사유의 결정체를 시로 빚어낸 토기장이같은 솜씨로 시문학의 맛을 업그레이드했다고 평가하고자 한다. 늘 한결같은 자세로 자기 의지와 삶을 기록하고 다룬 시편들은 인생의 먹구름 속에서 건진 아름다운 시인의 눈물방울이다. 굴곡진 길목에서 터득한 언어들로 장순휘 시인만의 시 세계를 구축한 당당함이 이 또한 자기만의 표출일 것이다. 언제나 다정하면서 분별있는 매우 인간적인 장순휘 시인의 다섯 번째 시집 『불꽃보다 더 아름다운 노을처럼』의 출간을 용산문인회 전 회원과 함께 진심으로 축하드린다.

시인 장순휘를 말하다 ❷

육사혼이 깃든 명품 시집

藝堂 **조 병 락**
(수필가, 화랑대문인회 회장, 육사16기)

　항산 장순휘 시인의 다섯 번째 시집『불꽃보다 더 아름다운 노을처럼』상재(上梓)를 모든 문학인과 함께 진심으로 축하드립니다.
　항산 시인은 육사 출신으로서 수필가, 소설가, 문학평론가, 칼럼니스트, 정치학 박사, 대학교수 등 아무나 흉내 낼 수 없는 다재다능한 인물입니다. 대부분의 세인들은 시 한 줄 쓰기도 힘들 것입니다. 그러나 항산 시인은 5번째 시집을 출간했습니다. 참으로 대단하고 성실한 삶의 빛이라고 할 것입니다. 육사 선배문인으로서 그의 재능과 열정에 한없는 박수를 보냅니다. 항산의 시집『불꽃보다 더 아름다운 노을처럼』은 투철한 애국심(愛國心)과 지인용(智仁勇)의 육사혼이 깃든 명품시집이라고 평가합니다. 나는 전부터 장 시인의 〈백두성산(白頭聖山)〉이란 시를 읽고 무척 감동하였습니다. 어느 문학행사에서 4연이나 되는 그 장시(長詩)를 보지않고 기관총 쏘듯 일사천리로 암송하는 것을 보고 참석자 모두가 입을 쩍 벌리지 않을 수 없었습니다. 물론 그 시가 담고있는 통일의 염원도 시적인 감동 그 자체였습니다. 특히 작년에는 화랑대문인회에서 수상하는 〈제2회 화랑대문학상 시대상〉을 수상하는 자랑스런 후배문인입니다.
　독자 여러분! 장순휘 시인의 주옥같은 시에서 삶의 품격과 문학의 향기를 만끽해 보시기 바랍니다. 진심으로 항산 장순휘 시인은 육사 출신의 자랑입니다. 거듭 제5시집『불꽃보다 더 아름다운 노을처럼』의 출간을 축하드립니다.
　『불꽃보다 더 아름다운 노을처럼』만세! 항산 장순휘 시인 화이팅!

시인 장순휘를 말하다 ③

창영초교 113년사에
문학인으로서 자리매김하기를

박 만
(前 방송통신심의위 위원장, 前 서울지검 제1차장)

항산 장순휘 시인은 나와는 아주 특별한 인연의 관계가 있다.

장 시인과 나는 인천창영초교의 선후배사이이다. 내가 54회니까 장 시인은 61회이다. 그리고 인천제물포고교 선후배사이도 된다.

내가 14회니까 장 시인은 21회이다. 그러니까 두 번이나 7년차로 선후배사이이니 보통 인연은 넘는 것 아닐까한다. 더욱이 인천창영초교총동문회 역대 회장사이이기도 하니 참 대단한 인연이 아닐 수 없다. 그래서인지 선배로서 각별한 애정으로 장순휘 시인을 바라보고 있다.

장 시인(육사38기)의 육사선배 중에는 고 강재구 소령(41회/육사16기)가 있다. 그의 말에 의하면 초교 1학년때(1965년) 강재구 선배가 순직해서 2학년때부터 그 동상 앞을 5년간 지나다니다보니 육사의 꿈을 키웠다는 얘기를 한 적이 있다. 그래서인지 총동문회장에 취임하자 대한민국에서 유일무이하게 육사와 자매결연을 맺은 초교를 만들었고, 졸업식에서는 모교후배들에게 육사의 지·인·용상을 수상하는 기회도 만들어서 자부심을 갖도록 하는 능력을 발휘하기도 하였다.

직업군인 육군사관학교 출신이 문학을 한다는 것 그리고 시인이라는 것이 많이 낯선 느낌이지만 그의 시를 보면 참 군인다운 힘이 있고 애국이 있어서 호국시인이라는 평가가 맞다는 생각을 하게 된다. 시와 함께 살아온 장순휘 시인의 순수한 열정은 법조인으로서 다 이해할 수 없지만 한 단어, 한 문장 다듬는 고충은 동병상련(同病相憐)의 마음으로 충분히 알고도 남는다.

 그런 장 후배가 다섯 번째 개인시집을 출간한다는 것은 축하할 일이고, 그의 문학에의 집념을 높게 평가하고 싶다. 주옥같은 아름다운 시들이 독자들의 가슴에 감동을 주고 사랑받는 시인으로 성숙하기를 바란다. 또 독자들이 일상에 발견하지 못한 시어(詩語)를 통해서 행복해지기를 기대한다. 끝으로 이번 시집이 창영초교 113년사에 문학인으로서도 자리매김하는 자랑스러운 필력이 되기를 기원한다.

시인 장순휘를 말하다 ④

'애국심'을 성찰하게하는 육사의 대표 시인

松潭 **박 호 성**
(수필가, 명예경영학박사, (주)이지에스아이엠 회장)

항산 장순휘 시인은 나와는 특별한 인연으로 인생을 같이 가고있다.

2015년 장순휘 시인이 육사총동문회 산하 〈육사홍보위원단〉을 창립하면서 고문단장으로 위촉되어 함께 걸어가고 있는 각별한 사이이다. 그후 현재의 〈국방문화예술협회〉로 재편되어 "나라사랑·군사랑·문화예술사랑"을 모토로 함께 《시·서·화 예술인 초청 특별전시회》를 매년 주관하고 있다.

그런데 어느 날 회의 중 자작시를 낭송하는 실력에서 비로소 장순휘 회장이 시인이라고 알게 되었다. 그리고 나에게도 수필가라는 문학의 길을 선뜻 제안하여 2018년 『월간 문학공간』(제345회 수필부문)에 등단하였다. 이처럼 장 시인은 '이타이기(利他利己)'의 몸에 배인 선행(善行)으로 주위를 행복하게 만드는 착한 후배(송도중학교)이기도 하다.

특히 그의 시를 들여다보면 화려하고 번지르르한 수사적 기교보다 인간적인 냄새가 물씬 풍기는 진솔한 시어와 표현 그리고 나라사랑과 군사랑의 뜨거운 열정으로 사회에 던지는 메시지에서 '애국심'을 성찰하게하는 용기있는 시인이라고 평가하고 싶다. 이처럼 그의 시에는 사유(思惟)가 있고, 나라사랑의 울림이 담겨져 있다는 것을 말해주고 싶다. 2019년에는 〈화랑대문학상 시대상〉도 수상한 육사를 대표하는 시인으로 육사인의 사랑을 많이 받고있다.

지난 3일 평소 호형호제하는 항산과 석정(石亭) 박종식 서예가가 '송담(松潭)'이라는 아호를 헌정해주는 자리가 있었다. 이렇게 격조 있는 아우들과 인생을 함께 할 수 있다는 것은 정말 행운과 행복이 아닐 수 없다. 다시 한 번 항산 장순휘 시인의 제5시집 출간을 축하하고, 주옥같은 그의 시들이 문학계에서 제대로 평가받기를 기대한다.

시인 장순휘를 말하다 ⑤

나라 사랑과 인간애로 가득찬 시인 장순휘

임 승 권
(국방문화예술협회 부회장, 육사38기 제42대 동기회 부회장)

　인생의 후반부에 저녁 노을처럼, 잘 익은 감처럼, 흠뻑 색감에 젖은 단풍잎처럼 오직 나라사랑과 조국을 향한 뜨거운 열정이 성숙된 인간애와 접목된 장순휘 시인의 제5시집 『불꽃보다 더 아름다운 노을처럼』의 발간을 축하드린다

　장순휘 시인은 육사 38기 초대 동기회장이자 지금은 제42대 동기회장으로 항상 바쁨과 다른 사람들을 위한 헌신을 일상으로 달고 산다. 그럼에도 불구하고 어느덧 5번째 시집의 발간은 장시인만의 그동안의 집념과 투혼으로 쌓아놓은 귀한 열매들이기에 더욱 그 가치와 수고로움에 존경을 표한다. 국방예술협회 초대회장으로서 아무것도 없었던 황무지에 「나라사랑·군사랑·문화예술사랑」이라는 모토를 걸고, 시(詩)·서(書)·화(畵)작품전시회로 국민들을 문화예술로 감동시키고, 애국심을 살리고자 수고를 하고 있다.

　특히 백두산에 올라 천지를 바라보며 백의민족의 말 달리던 기상을 가슴깊이 소리쳐 읊어낸 〈백두성산(白頭聖山)〉, 미2사단 100주년 창립기념식에 수많은 한미장병들 앞에서 〈미육군 제2사단은 천하무적이다(US Army 2nd ID is Second to None)〉라는 기념시비의 제막과 낭송으로 모든 사람들의 기립박수를 받으며 한미동맹의

중요성을 재인식시킨 장면들은 아직도 마음에 뿌듯함을 넘어서 장시인의 자랑스러움과 함께 멋진 추억의 한 장면으로 기억하고 있다.

　육사 후배들의 졸업축하 만찬에서 임관을 앞둔 젊은 장교들에게 당부하는 〈출정의 시〉에서, 조국을 위해 먼저 산화하신 호국영령들 앞에서의 〈충혼의 시〉에서, 대한민국 어디서든 광야의 외침이 필요한 곳이라면 〈정의의 시〉에서, 장시인의 시는 위로가 되고 격려가 되고 힘이 되고 운동력이 있어 모든 이들의 감흥을 주기에 너무나 충분했음을 기억하고 있다.

　장시인은 정말로 훌륭한 시인이자 나라사랑을 실천하는 애국자라고 말하기에 손색이 없다. 삶의 모든 시상들이 제5시집 『불꽃보다 더 아름다운 노을처럼』에 담겨져 독자들에게 보내줄 수 있음을 장 시인께 고마움을 표하고 싶다.

　이 시들을 통하여 평화와 안식, 위로 그리고 나라사랑의 고귀함을 더욱 맛보시고, 이 나라의 귀한 보배 장순휘 시인의 '인생노을의 아름다움'을 느껴볼 수 있으리라 생각한다. 앞으로도 더욱 더 좋은 시로 독자들과 다시 만날 수 있기를 기원한다.

불꽃보다 더 아름다운 노을처럼

장순휘 제 5 시집

발 행 일   2020년 11월 25일 제1쇄 발행
지 은 이   장순휘
발 행 인   김수인
발 행 처   코레드디자인(02-2266-0751-2)
　　　　　서울시 중구 을지로 16길 39 근화빌딩 4층
　　　　　T) 02-2266-0751-1, F) 02-2267-6020

ISBN 979-11-89931-24-7

값 12,000원

* 이 책의 내용을 전부나 일부 재사용하려면 저작권자와
  도서출판 코레드 양측과 협의하여 주시기 바랍니다.
* 파본은 구매 서점에서 교환하여 드립니다.